Herbert Marx

Eisenbahn in Mönchengladbach

Verlag Kenning

Inhalt

4 **Einleitung**

Die Privatbahnzeit
6 Die Rheinische Eisenbahn-Gesellschaft
7 Das Ruhrort-Crefeld-Kreis Gladbacher und das Aachen-Düsseldorfer Eisenbahnprojekt
10 Die Aachen-Düsseldorf-Ruhrorter Eisenbahn
15 Andere Eisenbahnprojekte bis 1860
16 Weitere Bahnbauten bis 1880; Die Bergisch-Märkische Eisenbahn AG
21 Bahnhöfe und Fahrzeuge der Bergisch-Märkischen und der Rheinischen Eisenbahn
29 Das Ende der Privatbahnzeit

Die Länderbahnzeit
30 Der Bau der Verbindung nach Köln
34 Bahnhofsumbauten
50 Die Entwicklung und der Lokeinsatz bis 1920

Die Reichsbahnzeit
52 Die Zeit nach dem 1. Weltkrieg
54 Die Jahre von 1933 bis 1945
62 Die Nachkriegsjahre
63 Die Lokomotiven zur Reichsbahnzeit

Die Bundesbahnzeit
65 Der Wiederaufbau der Bahnanlagen
85 Züge und Fahrzeuge der 50er Jahre
88 Elektrifizierung und Strukturwandel

99 **Die Deutsche Bahn AG**

Stationierungslisten
102 Bw Rheydt
108 Bw München- bzw. Mönchengladbach

Anschlußgleise und Werksbahnen um Mönchengladbach
118 Centralbahnhof und Ortsgüterbahnhof München-Gladbach; Strecke München-Gladbach – Odenkirchen
123 Strecke München-Gladbach – Viersen und Bahnhof Neuwerk
124 Bahnhof München-Gladbach-Speick
127 Güterwagenabstellbahnhof Rheydt-Morr; Bahnhof Rheindahlen
133 Industriegebiet Wickrath Nord; Ortsgüterbahnhof Wickrath
134 Schmalspurige Bahnen

Anhang
135 Quellenverzeichnis; Zeittafel der für Mönchengladbach zuständigen Direktionen

Herausgeber:

Verlag Kenning

Hermann-Löns-Weg 4, D-48527 Nordhorn, Tel. 05921/76996 + 77967, Fax 77958

ISBN 3-927587-28-1

Druck und Verarbeitung: B.o.s.s Druck und Medien GmbH, Kleve
Lektorat: Dr. Rolf Neustädt

Copyright 1997 by Verlag Kenning (Nordhorn). Alle Rechte, auch das des auszugsweisen Nachdrucks, der fotomechanischen Reproduktion (Foto- oder Mikrokopie) und das der Übersetzung vorbehalten.

Titelfoto: Am 24.4.1995 stand die restaurierte 221 135 auf einer Präsentationsfahrt von Krefeld nach Köln in Mönchengladbach Hbf.
Foto: Dr. Günther Barths
Vordere Umschlaginnenseite: Links das Empfangsgebäude des Bahnhofs München-Gladbach Mitte, des heutigen Hauptbahnhofs, rechts das des Bergisch-Märkischen Bahnhofs (Sommer 1907).
Foto: Stadtarchiv Mönchengladbach
Seite 1: Der Rheingold-Expreß im Mai 1951 auf Gleis 1 des Hauptbahnhofs München-Gladbach.
Foto: Arthur Haardt / Sammlung Stadtarchiv
Hintere Umschlaginnenseite: Empfangsgebäude und Bahnsteighalle des Bahnhofs München-Gladbach Mitte aus der Vogelperspektive um 1930.
Rückseite: Die Bahnsteighalle von München-Gladbach Mitte nach der Fertigstellung (1910).
Fotos (2): Archiv Vermessungsamt der Stadt Mönchengladbach

Vorwort

Mönchengladbach, die heute knapp 260.000 Einwohner zählende niederrheinische Stadt, hat zwei Hauptbahnhöfe: Mönchengladbach Hbf und Rheydt Hbf. Wie es zu dieser Besonderheit kam, folgt aus der langen Geschichte der Eisenbahn in dieser Stadt und in ihrer unmittelbaren Umgebung. Sie reicht weit zurück, denn schon um 1830 gab es Pläne für eine Eisenbahn zwischen Köln und Antwerpen.

Die ersten Eisenbahngesellschaften im Mönchengladbacher Raum waren die Rheinische, die Aachen-Düsseldorf-Ruhrorter und die Bergisch-Märkische Eisenbahn, von denen die Aachen-Düsseldorf-Ruhrorter jedoch bald in Vergessenheit geriet. Nachdem 1871 in Versailles das Deutsche Reich ausgerufen worden war, gingen die bis dahin privaten Eisenbahnen in den Besitz der deutschen Länder über. Die „Rheinische" unterstand fortan der Königlichen Eisenbahndirektion Cöln (linksrheinisch), und die „Bergisch-Märkische" ging in der Königlich Preußischen Staatseisenbahn auf.

Von der Privatbahnzeit spannt sich in diesem Buch der Bogen über die Jahre der Länderbahnen, die Reichsbahn- und die Bundesbahnzeit bis hin zur Gegenwart der Deutschen Bahn AG, wobei die wechselvolle Geschichte der Bahnhöfe, der Strecken und der Fahrzeuge im Mittelpunkt steht. Die Bahnbetriebswerke Rheydt und Mönchengladbach waren seit der Länderbahnzeit sehr bedeutsam und beheimateten stets einen interessanten Lokomotivpark. Ein eigenes Kapitel befaßt sich mit den vielen Gleisanschlüssen, die in der ersten Hälfte dieses Jahrhunderts in und um Mönchengladbach existierten und an die heute nur noch wenige Anlagen erinnern.

Das Empfangsgebäude des Hauptbahnhofs München-Gladbach um 1930; in der Mitte links das Straßenbahnwartehäuschen.
Foto: Sammlung Gerd Ohle

Einleitung

Wenn in diesem Buch die Geschichte der Eisenbahnen um Mönchengladbach behandelt wird, so bedarf das einer Erläuterung; denn die Stadt hat im Lauf der Zeit ihren Namen mehrmals geändert. Hier wird die Stadt Mönchengladbach in ihren heutigen Grenzen, also nach der kommunalen Neugliederung ab 1.1.1975, betrachtet, und daher ist auch die Entwicklung der Eisenbahn in der Stadt Rheydt und der Gemeinde Wickrath inbegriffen. Mönchengladbach ist demzufolge die Bezeichnung der heutigen Großstadt und eines ihrer Stadtteile. Der heutige Stadtteil hieß bis 1929 München-Gladbach, bis 1933 Gladbach-Rheydt und dann bis 1950 wieder München-Gladbach. Seit 1950 heißt er Mönchen-Gladbach, seit 1960 in der Schreibweise Mönchengladbach.

Anfang des 19. Jahrhunderts hielten die napoleonischen Truppen das Rheinland besetzt. Das heutige Mönchengladbacher Stadtgebiet, das damals aus mehreren Dörfern bestand, gehörte zum Roer-Departement, dessen Hauptstadt Aachen war. Die von Napoleon im Jahr 1806 gegen England verhängte Kontinentalsperre wirkte sich auch auf die wirtschaftliche Entwicklung dieser Region aus. Auf der einen Seite entfiel für die München-Gladbacher Textilfabrikanten die lästige Konkurrenz aus Manchester, auf der anderen Seite war den bergisch-märkischen Garnunternehmern der Handel mit den englischen Abnehmern verwehrt. Um nun Anschluß an den französischen und den südeuropäischen Markt zu bekommen, siedelten viele Textilhersteller aus dem bergisch-märkischen Kreis in das München-Gladbach-Crefelder Gebiet um, wobei auch die Baumwollverarbeitung hier Fuß faßte.

Nach dem Abzug der Franzosen im Jahr 1815 entwickelte sich die Textilindustrie um München-Gladbach ständig weiter. 1827 nahm die Rheydter Firma Lenßen & Beckenbach die erste stationäre Dampfmaschine in Betrieb.

In dieser Zeit kamen in der Rheinprovinz, dem linken Niederrheingebiet, die ersten Gedanken zum Bau von Eisenbahnen auf. Sie

Blick auf Rheydt vom Kamillianer Krankenhaus im Jahr 1897; im Vordergrund die Eisenbahnlinie nach München-Gladbach.
Unten: Ansicht von München-Gladbach um 1860; im Vordergrund ein Personenzug auf dem Weg nach Rheydt, geführt von einer 1A1-Lok der Aachen-Düsseldorf-Ruhrorter Eisenbahn.   Quellen: Stadtarchiv

sollten die Massenproduktion ermöglichen, die niederländischen Häfen wegen der hohen Hafengebühren umgehen helfen und zu einem einheitlichen deutschen Wirtschaftsgebiet beitragen. Der am 1.1.1834 gegründete Deutsche Zollverein, dem Preußen, Sachsen, Bayern, Württemberg, Hessen, die Pfalz und die Thüringischen Staaten angehörten, begünstigte diese Entwicklung.

Zu den Persönlichkeiten, die den Eisenbahngedanken in der Rheinprovinz förderten, gehörten unter anderem:
- Ludolf Camphausen (1803-90), der sich vor allem für die Verbindung Köln – Antwerpen einsetzte,
- David Hansemann (1790-1864) mit seiner Schrift „Über die Ausführung des preußischen Eisenbahnsystems",
- Gustav von Mevissen (1815-70) als Präsident der Rheinischen Eisenbahn AG,
- Hermann von Beckerath (1801-70) als Funktionär der Ruhrort-Crefelder Eisenbahn und später der Ruhrort-Crefeld-Kreis Gladbacher Eisenbahn AG,
- August von der Heydt (1801-74), der als Vater des preußischen Eisenbahnwesens gilt.

Die Privatbahnzeit

Die Rheinische Eisenbahngesellschaft

Ende 1830 entstand in Belgien der Plan, zwischen Köln und Antwerpen, also zwischen Rhein und Schelde, eine Eisenbahn zu bauen. In Köln nahm vor allem Ludolf Camphausen diesen Gedanken auf. Er trat an die Spitze des Kölner Eisenbahnkomitees. Auf sein Gesuch hin gab der preußische König im Jahr 1833 seine Einwilligung zum Bau der Strecke Köln – Antwerpen. Nach den Vorstellungen Camphausens sollten private Gesellschaften das Kapital zum Bau der Strecke aufbringen und der Staat eine vierprozentige Zinsgarantie übernehmen. Die Dividende der Aktionäre veranschlagte Camphausen auf 3%. Nach 33 Jahren sollte die Bahn an den Staat übergehen.

Obwohl die Rentabilität der Strecke – besonders im Güterverkehr – auf der Hand lag, konnte sich der preußische Staat nicht zu einer finanziellen Förderung des Projekts entschließen. Er sagte dem Komitee jedoch die Unterstützung beim Grunderwerb zu und stellte die geplante Eisenbahn anderen künstlichen Straßen gleich. Die Genehmigung der Trasse, des Statuts, der Tarife und des Bahnreglements behielt sich der Staat freilich vor.

Im Jahr 1834 begann die Zeichnung von Aktien, und am 25.7.1835 konstituierte sich die Rheinische Eisenbahn-Gesellschaft zu Cöln, auf deren Gründungsversammlung Camphausen zum Präsidenten des Direktoriums bestellt wurde.

Auch in Aachen fand das Eisenbahnprojekt großes Interesse. David Hansemann favorisierte eine Streckenführung über Düren und Aachen, die Camphausen wegen des schwierigen Geländes zwischen Düren und Aachen und der damit höheren Erschließungskosten allerdings ablehnte. Zwischen beiden entbrannte ein heftiger Streit, der in folgender Äußerung Camphausens gipfelte:

„Dieser Wollhändler Hansemann sitzt dick in der Wolle, und man muß seiner Energie, seiner Ausdauer und seinen ungeheuren Erfolgen Respekt zollen. Seine persönliche Bekanntschaft hat nicht den angenehmen Eindruck auf mich gemacht, den ich mir davon versprach. Ich fürchte, er gehört zu denjenigen Charakteren, die nur nach dem Ziele sehen, nicht nach dem Wege, auf dem sie zum Ziele gelangen. Dieses Mannes Freund zu sein, würde ich für gefährlich achten. Jeder Adel der Gesinnung, der über den Erfolgen steht, ist ihm fremd."

Hansemann und die Aachener Gruppe gingen soweit, daß sie ein Komitee und eine eigene Gesellschaft gründeten. Im Gegensatz zur Kölner Gruppe versprachen sie dem Staat und den Aktionären ein größeres Mitspracherecht. Hansemann hatte sich zudem die Unterstützung des Kölner Bankiers Abraham Oppenheim gesichert, und gegen dieses Bündnis kam Camphausen nicht an. Er zog sich sodann schweren Herzens aus dem Direktorium zurück. Die Regierung bestätigte schließlich die Streckenführung über Düren und Aachen, machte aber den Zusammenschluß der beiden Gesellschaften zur Auflage.

Am 1.4.1838 begann der Streckenbau. Hatte man 1837 noch mit Baukosten in Höhe von 3 Mio. Taler gerechnet, so betrugen sie nun schon 9 Mio. Taler. Die Bedenken Camphausens wegen der hohen Erschließungskosten zwischen Düren und Aachen hatten sich bestätigt. Hansemann sah damit seine Chancen schwinden und wollte zum Ausgleich der höheren Kosten weitere Bahnbauprojekte durch seine Gesellschaft ausführen lassen, was jedoch an Minister von Bodelschwingh scheiterte. Hatte die belgische Regierung zunächst noch Aktien in Höhe von 1 Mio. Taler übernommen und sich die finanzielle Situation etwas beruhigt, war später das Bahnunternehmen voll auf das Bankhaus Oppenheim angewiesen, worunter die Integrität des Direktoriumsmitglieds Oppenheim litt. Man riet ihm zum Rücktritt, was er jedoch ignorierte. Daraufhin legten alle anderen Direktoriumsmitglieder ihre Ämter nieder. Die Folge waren eine starke Vertrauenseinbuße des Unternehmens und dadurch ein starker Kursverfall.

Hansemann, der der Stadt Aachen immerhin den Eisenbahnanschluß beschert hatte, schied aus dem Unternehmen aus. Präsident wurde schließlich im Juli 1844 Gustav von Mevissen, nachdem Oppenheim als Gegenkandidat zurückgetreten war. Am 15.10.1843 war die Strecke von Köln über Düren und Aachen bis Herbesthal vollendet worden.

Gleisseite des Empfangsgebäudes des Bahnhofs Bökel um 1900. Foto: Sammlung Gerd Ohle

Das Ruhrort-Crefeld-Kreis Gladbacher und das Aachen-Düsseldorfer Eisenbahnprojekt

Anfang 1844 bestanden am Rhein viele Eisenbahnprojekte, doch nur durch die Beteiligung der Berliner Börse an der Kapitalbeschaffung konnten Zeichner für die Eisenbahnaktien gewonnen werden. Der preußische Staat überließ den Bahnbau der privaten Hand, da er nicht über genügend Kapital verfügte. Er half lediglich bei der Beschaffung der Grundstücke und erließ dazu am 3.11.1838 die entsprechenden Gesetze.

Wie Aachen an der Erschließung des Wurmreviers wegen seiner Kohlen interessiert war, so maßen München-Gladbach und Rheydt der Ruhrkohle große Bedeutung zu. Aber auch Ruhrort und Krefeld waren bezüglich einer Eisenbahn aktiv geworden und hatten im Februar 1844 ein gemeinsames Komitee gegründet. Sie wollten zwischen beiden Städten eine Bahnstrecke bauen, die von Ruhrort aus Anschluß an die Cöln-Mindener Eisenbahn bei Oberhausen erhalten sollte, um die niederländischen Häfen umgehen zu können.

In München-Gladbach und Rheydt hatte man diese Bestrebungen aufmerksam verfolgt. Man beschloß, die Strecke Ruhrort – Krefeld über Viersen nach München-Gladbach und Rheydt weiterzuführen. In Ruhrort und Krefeld war man von der Streckenverlängerung begeistert.

Die Baukosten wurden auf 859.000 Taler geschätzt, die jährlichen Einnahmen auf 207.777 und die Ausgaben auf 154.250 Taler, so daß ein Überschuß von über 53.000 Taler pro Jahr erwartet wurde. An rollendem Material wollte man zunächst drei Lokomotiven (à 12.000 Taler), zehn Personen- (à 800 Taler) und 120 Güterwagen (à 200 Taler) beschaffen. Anfang 1845 erhöhte man den Bedarf auf acht Lokomotiven (System Norris), 18 Personenwagen (mit 60 Plätzen III. Klasse und 48 in der II. Klasse), 20 gedeckte (150 Zentner Tragfähigkeit) und zehn offene Güterwagen, einen Wagen für drei Pferde sowie 150 Kohlewagen (90 Zentner Tragfähigkeit).

Aufgrund des Anschlusses München-Gladbachs und Rheydts sollte das Unternehmen nach einem Vorschlag des Rheydter Bürgermeisters Büschgens nun Ruhrort-Crefeld-Kreis Gladbacher Eisenbahn-Gesellschaft heißen,

Empfangsgebäude des Bergisch-Märkischen Bahnhofs von M.Gladbach im Jahr 1907. Rechts steht bereits die erste Bahnsteighalle des heutigen Hauptbahnhofs.
Foto: Sammlung Stadtarchiv

und so wurde es am 27.2.1844 gegründet. Bis dahin war ein Kapital von 1,2 Mio. Talern gezeichnet worden. Der Verwaltungsrat hielt eine Rendite von 4% für möglich, bei der Erhöhung des Kapitals auf 1,4 Mio. Taler sogar 6%. Mit diesen Daten wurde die Konzession am 11.11.1844 beantragt, doch folgte am 15.12.1844 die Ablehnung. Daraufhin stellte der Verwaltungsrat am 27.1.1845 einen erneuten Antrag, doch auch dieser blieb bis zum 1.3.1845 ohne Erfolg, nicht zuletzt deshalb, weil die Regierung weitere Eisenbahnprojekte im Raum München-Gladbach/Rheydt zu überprüfen hatte, die mit der Ruhrort-Crefeld-Kreis Gladbacher Eisenbahn konkurrierten.

So entstand 1844 in Aachen ein Komitee zur Bildung einer Westlichen Verbindungs-Eisenbahngesellschaft, die sich für den Bau einer Eisenbahn von Aachen über München-Gladbach und Neuss nach Düsseldorf (Obercassel) auf der linken Rheinseite einsetzte. Der Gesellschaft gehörte David Hansemann als maßgeblichem Mitglied an. Er verhandelte mit den Verantwortlichen in München-Gladbach, da es unter den zwischen Aachen und München-Gladbach liegenden Orten Meinungsverschiedenheiten über den Streckenverlauf gab. Schließlich einigte man sich auf die Route von München-Gladbach über Rheydt, Wickrath, Erkelenz, Baal, Lindern, Geilenkirchen, Herzogenrath und Kohlscheid nach Aachen.

Im März 1844 legten einige Kapitalseigner mit 1.200 Aktien im Wert von 240.000 Talern den Grundstein für das Eisenbahnunternehmen. Am 10.6.1844 beschlossen 52 Aktionäre den Gesellschaftervertrag. Ende 1844 waren schließlich 4.950 Aktien mit einem Wert von 990.000 Talern gezeichnet. 1845 erhöhte sich

das Aktienkapital auf 4 Mio. Taler. Am 2.10. 1845 wurde schließlich der Westlichen Verbindungs-Eisenbahngesellschaft (Aachen – München-Gladbach – Neuss) die vorläufige Konzession erteilt.

Gustav von Mevissen, der Präsident der Rheinischen Eisenbahn, war auch bezüglich einer Verbindung München-Gladbach – Köln aktiv. Er sah in der neuen Bahnstrecke eine Konkurrenz zur Strecke Köln – Aachen – Antwerpen seiner Rheinischen Eisenbahn und

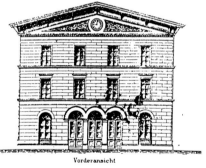

Vorder- und Seitenansicht des Centralbahnhofs der Aachen-Düsseldorf-Ruhrorter Eisenbahn in München-Gladbach im Jahr 1862 (nach einer Zeichnung aus dem Stadtarchiv Mönchengladbach).

protestierte beim Finanzministerium. Er erreichte lediglich, daß der Abschnitt München-Gladbach – Rheydt fortan von der Ruhrort-Crefeld-Kreis Gladbacher Eisenbahn und der Westlichen Verbindungseisenbahn gemeinsam zu nutzen sei.

Für eine Verbindung nach Düsseldorf bestand in München-Gladbach ein weiteres Eisenbahnkomitee: die Düsseldorf-Sittarder Eisenbahn-Gesellschaft. Die Regierung ordnete jedoch an, daß die beiden Gesellschaften der Westlichen Verbindungseisenbahn und der Düsseldorf-Sittarder Eisenbahn zu verschmelzen seien. Nach einigem Hin und Her zwischen beiden Gesellschaften kam es am 6.6.1846 unter dem Namen „Aachen-Düsseldorfer Eisenbahn-Gesellschaft" zur Vereinigung. Am 21.8.1846 erhielt diese in München-Gladbach ansässige Gesellschaft die Konzession. Das vorläufige Baukapital war mit 5 Mio. Talern veranschlagt worden.

Die Ruhrort-Crefeld-Kreis Gladbacher Eisenbahngesellschaft erhielt am 8.1.1847 die Konzession, welche sich auch auf die Verbindungsbahn von Ruhrort zur Cöln-Mindener Eisenbahn bei Oberhausen sowie auf eine Dampffähre zum rechten Rheinufer erstreckte. Beide Gesellschaften hatten den Status einer Aktiengesellschaft.

Der Gleisanschluß der Ruhrort-Crefeld-Kreis Gladbacher und der Aachen-Düsseldorfer Linie auf dem Abschnitt München-Gladbach – Rheydt beschwor eine langwierige Diskussion über den Standort eines Zentralbahnhofs herauf, den sowohl München-Gladbach als auch Rheydt für sich beanspruchten. Die Entscheidung darüber fiel „am grünen Tisch". Da am 30.1.1847 in Berlin die Stadt München-Gladbach als Endpunkt der Ruhrort-Crefeld-Kreis Gladbacher Eisenbahn bestimmt worden war, erhielt sie die „Centralstation", während Rheydt mit einer Station an der Aachen-Düsseldorfer Linie vorliebnehmen mußte.

Die Aachen-Düsseldorf-Ruhrorter Eisenbahn

Im Gebiet um München-Gladbach begannen die ersten Bahnbauarbeiten im Jahr 1845. Sie standen in den Folgejahren jedoch unter keinem guten Stern. Die Mißernte des Jahres 1846 und die revolutionären Bewegungen der Jahre 1848/49 ließen die wirtschaftliche Kraft der Eisenbahngesellschaften schwinden. So beantragte die Direktion der Aachen-Düsseldorfer Eisenbahn am 7.6. und 24.8.1848 die Übernahme des Unternehmens durch den Staat. Bei der Ruhrort-Crefeld-Kreis Gladbacher Eisenbahngesellschaft sah es nicht anders aus. 1849 kam es zu weiteren Verhandlungen, die staatlicherseits August von der Heydt führte. Er sagte den Eisenbahngesellschaften seine Hilfe zu.

Mit den Verträgen vom 26. und 29.9.1849 wurden die Ruhrort-Crefeld-Kreis Gladbacher und die Aachen-Düsseldorfer Eisenbahngesellschaft der neugeschaffenen Aachen-Düsseldorf-Ruhrorter Eisenbahn unterstellt, deren Direktionssitz in Aachen war. Diese königliche Eisenbahndirektion übernahm im Jahr 1850 die Betriebsführung. Der Staat hatte sich vorbehalten, alle Aktien und das Eigentum der Bahngesellschaften zu jeder Zeit nach sechsmonatiger Kündigungsfrist gegen Erstattung des Nennwerts zu erwerben.

Der Bahnbau zwischen München-Gladbach, Rheydt und Wickrath fand überwiegend in den Jahren 1848/49 statt. Die Erdarbeiten in Richtung Viersen begannen am 15.4.1851. Der Abschnitt Homberg – Krefeld – Viersen war bereits am 5.10.1849 in Betrieb gegangen, wobei es von Odenkirchen einen Postanschluß nach Viersen gab.

Die Eröffnung des Streckenabschnitts München-Gladbach – Viersen fand am 15.10.1851 statt. An den Feierlichkeiten nahm auch Minister von der Heydt teil. Die Eröffnungsfahrt begann im Bahnhof München-Gladbach, dessen Bahnsteig vom Königsplatz (dem heutigen Bismarckplatz) aus zu betreten war. Am nächsten Tag wurde der öffentliche Zugverkehr mit täglich drei Zugpaaren (morgens, mittags und abends) aufgenommen. Der erste Kohlezug fuhr am 1.11., der erste allgemeine Güterzug am 15.11.1851. Am 29.10.1851 wurde die Restauration im Bahnhof München-Gladbach zur Verpachtung angeboten.

Zwischen Rheydt und München-Gladbach begann der regelmäßige Zugverkehr am 12.8.1852, und am 11.11.1852 wurden die Rhein-Trajektanlage zwischen Homberg und Ruhrort sowie die Strecke Rheydt – Herzogenrath feierlich eröffnet. Weiter nach Aachen konnte man ab 17.1.1853 fahren. Am gleichen Tag wurde der Betrieb zwischen München-Gladbach und Neuss-Altobercassel aufgenommen. Der Personenverkehr Altobercassel – Obercassel (Düsseldorf) begann am 16.10.1854.

Programm

zur festlichen Eröffnung der Rhein-Traject-Anlage zwischen Homberg und Ruhrort in der Aachen-Düsseldorf-Ruhrorter Eisenbahn, und der Bahnstrecke zwischen Herzogenrath und Rheydt am 11. November 1852.

Um 8 Uhr Vormittags Empfang der hohen Gäste und geehrten Fest-Theilnehmer auf der Hafen-Station zu Ruhrort; Besteigung des Dampfbootes Delphin, Verschiffung von Kohlenwagen und Ueberfahrt mit denselben nach der Hafen-Station zu Homberg.

Nach Ausschiffung der Kohlenwagen um 9 Uhr Abfahrt nach Rheydt und Herzogenrath mit dem bereitstehenden Festzuge, nach untenstehendem Fahrplane, um dessen gefällige Beachtung diejenigen geehrten Fest-Theilnehmer gebeten werden, welche sich auf den Zwischen-Stationen anzuschließen wünschen.

Nach einstündigem Aufenthalte in Herzogenrath, welcher zur Besichtigung des dasigen Viaductes und der Wurm-Brücke Gelegenheit bietet, beginnt um 1¼ Uhr die Rückfahrt nach Rheydt, mit ½ stündigem Aufenthalte auf der Bahnstrecke bei Wedau, zur Besichtigung der Roer-Brücke. Auf den Zwischen-Stationen wird nicht angehalten.

Um 3 Uhr Ankunft in Rheydt. — Fest-Diner im dasigen Gesellschafts-Lokale um 3½ Uhr.

Nach beendetem Festmahle Rückfahrt nach Homberg und nach Herzogenrath in zwei Zügen, welche um 6 Uhr Abends auf dem Bahnhofe bereit gehalten werden.

Der **Centralbahnhof München-Gladbach** erstreckte sich von der Einmündung der Lüpertzender Straße im Süden bis zur Breitenbachstraße im Norden, wo sich die Gleise nach Viersen und Neuss verzweigten. Die Lüpertzender und die Lürriper Straße waren durch den Krall'schen Bahnübergang miteinander verbunden. Vom Königsplatz führte ebenfalls ein Weg zu diesem Übergang. Nördlich des Bahnübergangs befand sich ein Inselbahnsteig, der dort endete, wo heute die Bahnsteighallen beginnen. Der Zugang zu diesem Inselbahnsteig – der Dörenkampsche Übergang – lag an der Stelle, wo in der heutigen Stützmauer des Eisenbahndamms an der Goebenstraße ein Rundbogen eingemauert ist. Wollte man auf den Bahnsteig, mußte man das Krefelder Gleis überschreiten, das bei Zugverkehr durch Schrankenbäume gesichert war.

Mit Entwurf und Bauleitung des Empfangsgebäudes war der Architekt Vogelsang beauftragt worden. Das Bauwerk bestand aus dem dreigeschossigen Empfangstrakt und dem

Fahrplan
für den Festzug zwischen Homberg und Herzogenrath
am 11. November 1852.

Station	Ankunft Uhr	Min.	Aufenthalt Min.	Abfahrt Uhr	Min.
Homberg	—	—	—	9	—
Trompet	9	9	1	9	10
Uerdingen	9	20	5	9	25
Crefeld	9	35	5	9	40
Anrath	9	53	1	9	54
Viersen	10	1	5	10	6
Gladbach	10	17	8	10	25
Rheydt	10	31	9	10	40
Wickrath	10	46	3	10	49
Erkelenz	11	3	5	11	8
Baal	11	17	10	11	27
Lindern	11	39	3	11	42
Geilenkirchen . .	11	55	5	12	—
Herzogenrath . .	12	15	—	—	—

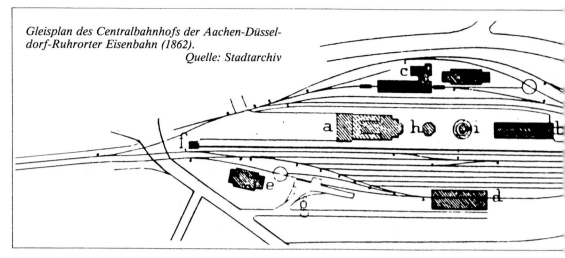

Gleisplan des Centralbahnhofs der Aachen-Düsseldorf-Ruhrorter Eisenbahn (1862).
Quelle: Stadtarchiv

eingeschossigen Wartesaaltrakt mit Küche und Toiletten. Beide Gebäudeteile waren durch eine überdachte Passage und einen Säulengang miteinander verbunden. Der klassizistische Baustil kam in den abgeflachten Giebeln, den Giebelornamenten, den Rundbogenfenstern im Erdgeschoß (im 2. und 3. Stock hatte das Gebäude Rechteckfenster), der Gebäudesymmetrie, der Quaderimitation durch Putz sowie dem Säulengang zum Ausdruck. Im Gebäudegiebel des Eingangs war eine Bahnhofsuhr eingelassen. Hinter dem dreitürigen Eingangsportal schlossen sich links das „Billetbureau" und rechts die Gepäckabfertigung an. Über die Passage gelangte man zu den Bahnsteigen in Richtung Krefeld (zur heutigen Stadtsparkasse hin) oder in Richtung Aachen/Düsseldorf (zum heutigen Paketpostamt hin). Im zweiten Stock wohnte der Bahnhofsassistent, im dritten der Bahnhofsvorsteher.

Zwischen dem Empfangsgebäude in Insellage und der heutige Goebenstraße entstand ein einständiger, von beiden Seiten befahrbarer Lokschuppen mit Werkstatt und Drehscheibe. In den Zufahrtsgleisen gab es Ausschlackgruben. Östlich des Empfangsgebäudes waren die Ortsgüteranlage, ein Kohleschuppen, die Wasserversorgung und eine Drehscheibe angeordnet.

Das Empfangsgebäude der **Station Rheydt** stand zwischen den Gleisen 2 und 3 des heutigen Bahnhofs. Es war der Mittelteil des Ende der 70er Jahre abgerissenen Empfangsgebäudes. Das ebenfalls klassizistische Bauwerk bestand aus einem Mittelbau mit Eingangshalle und Wartesaal (I./II. Klasse) und zwei gleich großen Seitenflügeln. Der südliche enthielt die Fahrkartenausgabe und die Gepäckabfertigung, der nördliche die Wartesäle III./IV. Klasse. Im Obergeschoß des Mittelbaues soll sich ein Wasserbehälter zur Versorgung der Lokomotiven befunden haben. Eine Abbildung aus dem Jahr 1858 zeigt nördlich des Empfangsgebäudes ein Gebäude, das als Lok- oder Wagenschuppen gedient haben kann. Einen Güterschuppen hatte die Station Rheydt damals ebenfalls.

Das Empfangsgebäude der **Station Wickrath** glich im Mittelbau dem Rheydter Gebäude, jedoch waren die Seitenflügel nicht gleich groß. Im südlichen befanden sich die Fahrkartenausgabe und die Gepäckabfertigung, im nördlichen die Wartesäle und das Restaurant. Vermutlich wurde das zweite Geschoß des Mittelbaues und des südlichen Seitenflügels schon damals als Dienstwohnung genutzt. Zur Station gehörte ein Güterschuppen mit Freiladefläche. Bereits 1851 – also vor der Bahneröffnung – war hier ein Spediteur beschäftigt, der von der Ortsgüteranlage in München-Gladbach Güter an- und abfuhr.

Die **Lokomotiven der Aachen-Düsseldorf-Ruhrorter Eisenbahn** wurden in mehreren Baulosen geliefert:
1) „Crefeld", „Homberg", „Viersen" und „Gladbach" (1848, Achsfolge 1A1, gebaut von Kessler in Karlsruhe. Der ursprüngliche Radstand von 3.118 mm wurde 1858 auf 4.577 mm vergrößert, wobei man den hinteren Laufradsatz hinter den Stehkessel verlegte;

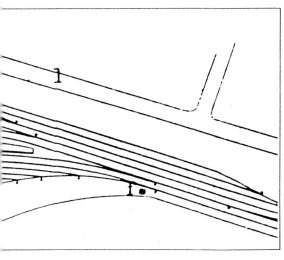

2) „Ruhrort", „Uerdingen" und „Rheidt" (1848, 1B, gebaut von Kessler, mit überhängendem Stehkessel);

3) „Lindern", „Baal", „Kleinenbroich", „Obercassel" und „Wurm" (1850, 1A1, gebaut von Cockerill in Seraing bei Lüttich);
4) „Aachen", „Burtscheid", „Kohlscheid", „Herzogenrath", „Geilenkirchen", „Randerath" und „Linnich" (1852, 1B, gebaut von Borsig in Berlin, mit überhängendem Stehkessel);
5) „Erkelenz", „Wickrath", „Neuss" und „Düsseldorf" (1853, 1A1, Borsig);
6) „Rhein" und „Roer" (1853, 2A, Crampton-Lokomotiven, gebaut von Wöhlert in Berlin);
7) „Erft" und „Neers" (1853, 1B, gebaut von Wöhlert, mit überhängendem Stehkessel);
8-11) „Maas", „Ruhr" (1855),"Trompet", „Anrath" (1856), „Preußen", „Deutschland" (1860), „Europa" und „Venlo" (1863) (1B, gebaut von Borsig, mit überhängendem Stehkessel).

Aachen-Düsseldorf-Ruhrorter (ADR) und Bergisch-Märkische Eisenbahn (BME)

ADR-Nr.	ADR-Name	Bauart	Hersteller	Baujahr	Fab.Nr.	BME-Nr.	BME-Name	Ausmusterung
1	Lindern	1A1	Cockerill	1850	253	235	Inn	1871
2	Baal	1A1	Cockerill	1850	-	-	-	1863
3	Kleinenbroich	1A1	Cockerill	1850	-	-	-	1864
4	Obercassel	1A1	Cockerill	1850	251	236	Lech	1871
5	Wurm	1A1	Cockerill	1850	255	237	Wurm	1871
6	Aachen	1B	Borsig	1852	381	238	Baal	1877
7	Burtscheid	1B	Borsig	1852	384	239	Burtscheid	1877
8	Kohlscheid	1B	Borsig	1852	383	240	Kohlscheid	1877
9	Herzogenrath	1B	Borsig	1852	387	241	Herzogenrath	1877
10	Geilenkirchen	1B	Borsig	1852	385	242	Geilenkirchen	1874
11	Randerath	1B	Borsig	1852	386	243	Randerath	1884
12	Linnich	1B	Borsig	1852	382	244	Linnich	1877
13	Erkelenz	1A1	Borsig	1853	446	245	Waal	1880
14	Wickrath	1A1	Borsig	1853	445	246	Erft	1882
15	Neuss	1A1	Borsig	1853	448	247	Neers	1882
16	Düsseldorf	1A1	Borsig	1853	447	248	Saar	1874
17	Rhein	2A	Wöhlert	1853	36	249	Issel	1876
18	Roer	2A	Wöhlert	1853	37	250	Roer	1868
19	Erft	1B	Wöhlert	1853	38	251	Wickrath	1880
20	Neers	1B	Wöhlert	1853	39	252	Neuss	1880
21	Crefeld	1A1	Kessler	1848	140	253	Hönne	1876
22	Homberg	1A1	Kessler	1848	139	254	Isar	1876
23	Viersen	1A1	Kessler	1848	141	255	Ocker	1876
24	Gladbach	1A1	Kessler	1848	142	256	Leine	1871
25	Ruhrort	1B	Kessler	1848	151	257	Erkelenz	1873
26	Uerdingen	1B	Kessler	1848	152	258	Uerdingen	1882
27	Rheidt	1B	Kessler	1848	153	259	Rheidt	1878
28	Maas	1B	Borsig	1855	636	260	Boisheim	1879
29	Ruhr	1B	Borsig	1855	637	261	Meiderich	1892
30	Trompet	1B	Borsig	1856	698	262	Trompet	1892
31	Anrath	1B	Borsig	1856	699	263	Anrath	1884
32	Preussen	1B	Borsig	1860	1169	264	Preussen	1880/81
33	Deutschland	1B	Borsig	1860	1170	265	Deutschland	1884
34	Europa	1B	Borsig	1863	1455	266	Europa	1880
35	Venlo	1B	Borsig	1863	1456	267	Lindern	1885

Über die **Wagen** liegen nur wenige Angaben vor. Neben 4 zwei- und 16 dreiachsigen Packwagen verfügte die Aachen-Düsseldorf-Ruhrorter Eisenbahn über folgende Personenwagen:
- 16 dreiachsige Wagen I./II. Klasse;
- 6 zweiachsige Wagen I./II. Klasse;
- 13 dreiachsige Wagen II./III. Klasse;
- 16 dreiachsige Wagen III. Klasse;
- 6 dreiachsige Wagen IV. Klasse;
- 12 zweiachsige Wagen IV. Klasse.

Der Güterwagenpark (zweiachsig) bestand aus 83 Bügelwagen mit Lederdecken (3,5-5 t), 232 Güterwagen mit Lederdecken (5-7,5 t), zwei Pferdewagen mit Lederdecken (5 t) und 29 doppelbödigen Viehwagen (4-5 t). Die Bügelwagen waren Planwagen, die Vorläufer der gedeckten Wagen.

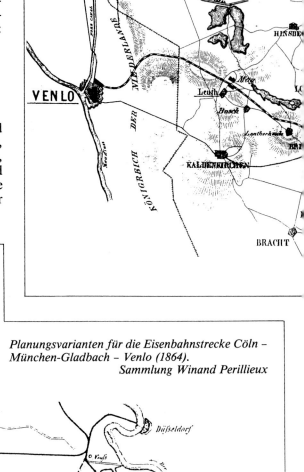

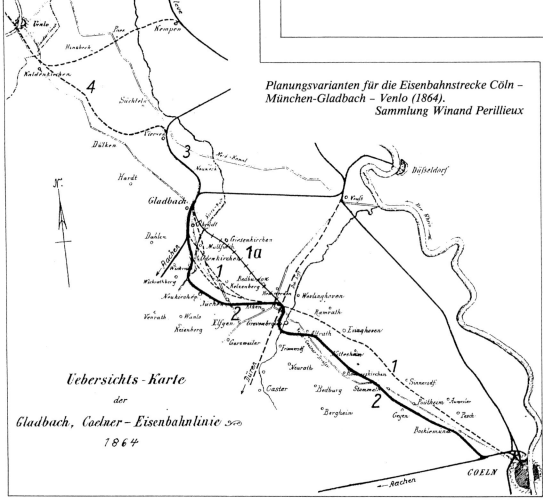

Planungsvarianten für die Eisenbahnstrecke Cöln – München-Gladbach – Venlo (1864).
Sammlung Winand Perillieux

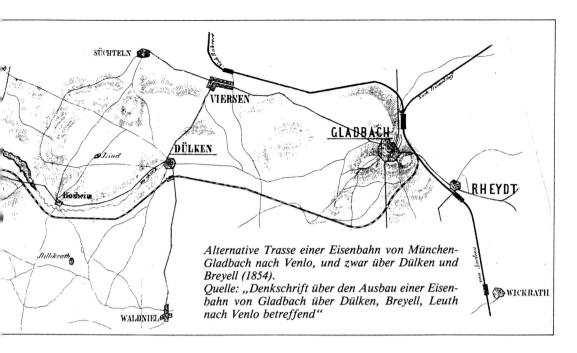

Alternative Trasse einer Eisenbahn von München-Gladbach nach Venlo, und zwar über Dülken und Breyell (1854).
Quelle: „Denkschrift über den Ausbau einer Eisenbahn von Gladbach über Dülken, Breyell, Leuth nach Venlo betreffend"

Andere Eisenbahnprojekte bis 1860

Neben den Verbindungen nach Ruhrort, Düsseldorf und Aachen war auch an eine Strecke nach Köln gedacht, die eigentlich die erste Eisenbahnverbindung der Städte München-Gladbach und Rheydt sein sollte, wäre es nach dem Willen der Bevölkerung gegangen. In Köln war man dagegen vor allem an einer Verbindung nach Krefeld interessiert, so daß es zwei konkurrierende Projekte gab. Zu den Hauptverfechtern des Köln-Krefelder Vorhabens gehörte Ludolf Camphausen. Gustav von Mevissen versuchte währenddessen in Köln, beide Projekte zu vereinigen, zumal sie von Köln aus bis Wevelinghoven parallel verlaufen sollten. Da der Oberpräsident der Rheinprovinz (Eichmann) ähnlich dachte, kam es am 30.11.1845 zur Bildung eines Komitees, und am 29.3.1846 war man sich über die Niederrhein-Nordsee-Verbindungsbahn von Köln über München-Gladbach und Venlo nach Middelburg einig. Man wollte zunächst die Strecke Köln - München-Gladbach - Venlo bauen, die Mevissen vermessen ließ. Die Pläne waren am 18.1.1847 fertig, doch die Regierung stand dem Projekt sehr unaufgeschlossen gegenüber und prüfte nicht einmal den Antrag. So blieb das Projekt Köln - München-Gladbach etwa 20 Jahre lang in der Schublade liegen.

Trotz der Ablehnung durch die preußische Regierung verfolgte die niederländische Seite die Verbindung München-Gladbach - Venlo weiter. Im August 1853 erschien eine Denkschrift über diese Strecke, die über Viersen, Dülken, Bryell und Kaldenkirchen führen sollte. Doch die preußische Regierung versagte auch diesem Projekt die Zustimmung, zumal die niederländische Regierung dem preußischen Wunsch, die Bahn von Nijmegen nach Arnhem vordringlich zu bauen, nicht nachgekommen war.

Schließlich regte ein Dürener Komitee eine Bahn Düren - Jülich - München-Gladbach an, die auch durch von Mevissen unterstützt wurde. Doch nach einem Beschluß des Finanzministers vom 5.3.1846 wurde die Entscheidung über diese Strecke vertagt, so daß auch sie vorerst nicht gebaut werden konnte.

Die Bergisch-Märkische Eisenbahn AG

Im Raum München-Gladbach dominierte ab Mitte der 60er Jahre die Bergisch-Märkische Eisenbahn AG (BME), die im Oktober 1843 mit Sitz in Elberfeld für den Bau der Strecke Elberfeld - Dortmund gegründet worden war.

Die Aachen-Düsseldorf-Ruhrorter Eisenbahn hatte im ersten Jahrzehnt ihres Bestehens die Erwartungen nicht erfüllen können. Bis

1859 mußte der Staat 984.000 Taler zuschießen. Das rührte auch daher, daß sich diese Bahn der Konkurrenz der Rheinischen und der Cöln-Mindener Eisenbahn erwehren mußte. Vor diesem Hintergrund trieb das Komitee zum Bau der Bahn München-Gladbach – Venlo sein Projekt zügig voran. Dabei war offen, ob die Strecke über Süchteln oder über Dülken verlaufen sollte. Den Ausschlag gab das Geld; denn während Dülken 1,5 Mio. Taler aufbringen konnte, waren es in Süchteln nur 640.000. In Krefeld gab es Kreise, die ebenfalls an einer Verbindung nach Venlo interessiert waren und die Ruhrort-Crefeld-Kreis Gladbacher Eisenbahn von München-Gladbach über Viersen bis Paas als Zweigbahn ausführen wollten. Die Stadt Viersen hatte bereits 1862 beschlossen, für die Strecke nach Venlo kostenlos Baugrund zur Verfügung zu stellen, unabhängig davon, ob sie über Süchteln oder Dülken führen würde. Die Hauptsache war, sie würde in Viersen beginnen. Am 13.4.1863 wurde die Aktiengesellschaft der Preußisch-Niederländischen Verbindungsbahn gegründet, die am 21.8.1863 die Konzession zum Bau der Strecken München-Gladbach – Viersen – Venlo und Venlo – Kempen (Anschluß an die Strecke Krefeld – Nijmegen) erhielt.

Die Lage der Aachen-Düsseldorf-Ruhrorter Eisenbahn hatte sich unterdessen nicht gebessert, so daß der Staat 1865 von seinem Kündigungsrecht des Aktienkapitals Gebrauch machte und es gegen Zahlung des Nominalwerts mit Geldern der BME erwarb. Fusionsverträge vom 7.5.1864 und 8.1.1866 sowie zwei Genehmigungserlasse vom 27.6.1864 und 19.2.1866 besiegelten das Schicksal der Aachen-Düsseldorf-Ruhrorter Eisenbahn. Sie ging in das Eigentum der BME über, die am 16.3.1866 auch das Projekt München-Gladbach – Venlo erwarb. Tatsächlich hatte die BME die Verwaltung dieser Strecken bereits am 1.1.1866 übernommen.

Am 29.1.1866 ging die Strecke München-Gladbach – Viersen – Kaldenkirchen und am 29.10.1866 auch der Abschnitt nach Venlo in Betrieb. Während des Bahnbaues stellte die Stadt Viersen fest, daß nicht sie, sondern München-Gladbach Ausgangspunkt der Strecke werden würde. Sie versuchte nun (jedoch vergebens), ihren Beschluß, den Baugrund kostenlos zur Verfügung zu stellen, rückgängig zu machen.

In den 60er Jahren wurde auch der Plan der Bahn München-Gladbach – Köln wieder aufgegriffen. Gustav von Mevissen, der Präsident der Rheinischen Eisenbahn, machte sich hierfür besonders stark. Als ein entsprechender Antrag an das Handelsministerium vom November 1865 scheiterte, wollte die Rheinische Eisenbahn im Jahr 1868 den Bahnbau sofort und ohne Belastung des Staates und der Gemeinden ausführen. Obwohl das Handelsministerium die Nützlichkeit der Strecke im Prinzip anerkannte, erteilte es der Rheinischen Eisenbahn keine Genehmigung. Die Stadt München-Gladbach und die Rheinische Eisenbahn intervenierten daraufhin mehrmals beim preußischen Handelsministerium, doch ohne Erfolg. Zwar wurde die Konzession für die Strecke erteilt, nicht aber die Genehmigung zum Bau. Diese erhielt mit „allerhöchster Kabinettsordre" vom 16.5.1870 die Bergisch-Märkische Eisenbahn, die jedoch finanziell gar nicht in der Lage war, das Projekt zu verwirklichen. So kam die Verbindung nach Köln bis zum Ende der Privatbahnzeit nicht zustande.

Weitere Bahnbauten bis 1880

Eine Bahn München-Gladbach – Odenkirchen – Jülich – Düren war bereits 1844 angeregt worden, jedoch ohne Erfolg. Als die Bergisch-Märkische Eisenbahn (BME) die Strecken um München-Gladbach übernahm, hatte sie sich verpflichtet, eine Strecke nach Jülich zu bauen, die ursprünglich in Erkelenz nach Jülich abzweigen sollte, wo man sich vom Eisenbahnbau einen wirtschaftlichen Aufschwung versprach. Das Handelsministerium legte hingegen fest, daß die Strecke von München-Gladbach über Odenkirchen und Neukirchen (heute: Hochneukirch) nach Jülich verlaufen solle, und erteilte dafür am 26.9.1867 die Konzession. Am 1.2.1870 ist die Strecke München-Gladbach-Geneiken (heute: Geneicken) – Müllfort (heute: Mülfort) – Odenkirchen eröffnet worden, die man bis zum 1.10.1873 über Neukirchen und Jülich bis Düren und Eschweiler-Aue weiterführte.

Anfang der 60er Jahre hatte die München-Gladbacher Handelskammer ihr Interesse an einer Bahn nach Roermond und weiter nach Antwerpen bekundet. Die Erlaubnis für die Ausführung der Vorarbeiten erteilte das Handelsministerium im Oktober 1872. Am 23.5.

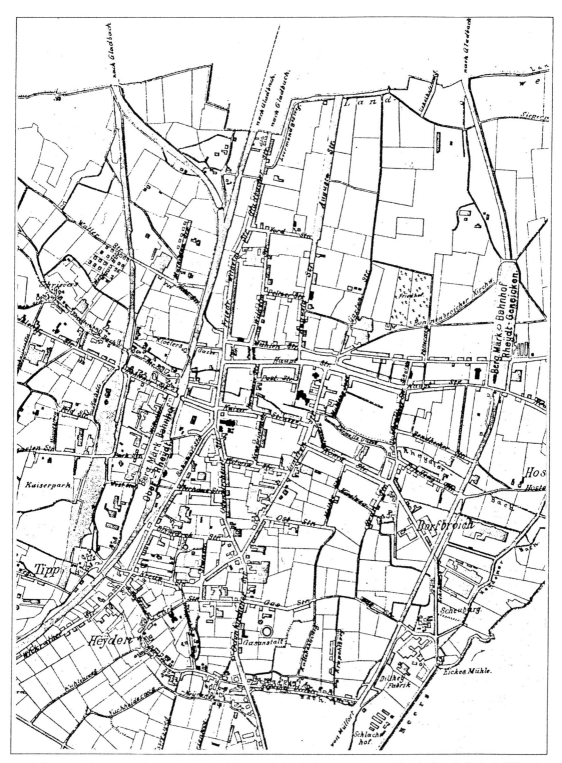

Stadtplan von Rheydt aus dem Jahr 1896: Links das Gelände des ehemaligen Rheinischen Bahnhofs (Rheydt-Morr), rechts davon der Bergisch-Märkische Bahnhof (Ober-Rheydt), ganz rechts der Bahnhof Rheydt-Geneiken (Unter-Rheydt). Quelle: Stadtbücherei Mönchengladbach

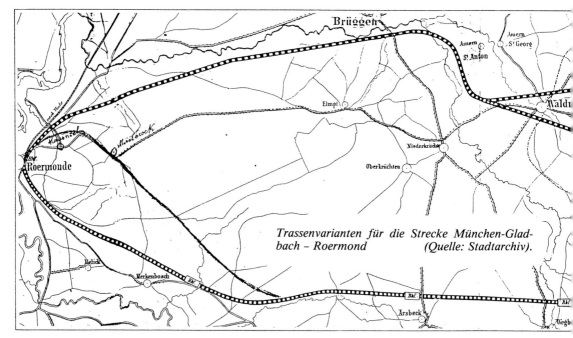

Trassenvarianten für die Strecke München-Gladbach – Roermond (Quelle: Stadtarchiv).

1874 erhielt die BME die endgültige Konzession. Da die Gräflich Schaeßbergsche Domänenverwaltung bereit war, für diese Bahn die Grundstücke kostenlos zur Verfügung zu stellen, kam es zu der Streckenführung über Rheindahlen, Wegberg und Dalheim. Für den Güterverkehr wurde die Strecke München-Gladbach – Dalheim (Landesgrenze) am 4.12. 1878 eröffnet, für den Personenverkehr am 15.2.1879.

Hinsichtlich der Verbindung München-Gladbach – Köln waren die Rheinische Eisenbahn und Gustav von Mevissen von der BME ausgegrenzt worden. Trotzdem ließ von Mevissen nicht locker, der Konkurrentin im München-Gladbacher Raum Paroli zu bieten. So

Überführung an der Bettrather Straße über die frühere Rheinische Eisenbahn. Die Windmühle im Hintergrund steht noch heute. Wo die Gleise lagen, wurden etwa 3 m aufgeschüttet. Darüber führt heute die Hohenzollernstraße.
Foto: Sammlung Stadtarchiv

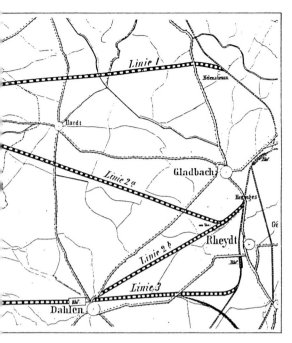

plante er eine Strecke von Rheydt über den Speick, den Bökel und an Neuwerk vorbei nach Neersen. Dort sollte sie sich nach Krefeld (über Willich) und Kaarst – Neuss (über Schiefbahn) verzweigen. Mevissen meinte, damit in doppelter Hinsicht überlegen zu sein: Erstens war in Neuss der Anschluß an die bestehende Strecke Köln – Neuss – Krefeld gegeben, und zweitens war der Bahnbau über Willich nach Krefeld kürzer als die bergisch-märkische Strecke über Viersen und Anrath.

Die Stadt München-Gladbach sah in dem Vorhaben der Rheinischen Eisenbahn eine gesunde Konkurrenz zur Bergisch-Märkischen Eisenbahn, und so erlangte die Rheinische Eisenbahn am 4.10.1872 die Konzession und am 12.10.1874 die Genehmigung zum Bau. Noch im gleichen Jahr wurden die Bahnhofspläne vorgelegt. Die Stadt Rheydt behielt sich die Anlage eines Verbindungsgleises zwischen den Rheydter Bahnhöfen Rheinische Station und Bergisch-Märkische Station vor, was sie bis spätestens 1879 auch beantragte. Die Abschnitte nach Krefeld und Neuss über Neersen gingen am 15.11.1877 in Betrieb, das Teilstück Neersen – Viersen am 1.11.1878.

Damit waren bis auf die direkte Verbindung nach Köln alle Bahnbauvorhaben der Privatbahnzeit verwirklicht geworden. Die beiden Bahngesellschaften hießen im Volksmund die „Rheinische" und die „Bergisch-Märkische", während die Aachen-Düsseldorf-Ruhrorter Eisenbahn bald in Vergessenheit geriet.

Die Eisenbahnstrecken im Raum München-Gladbach um 1880: Mit durchgehenden Linien dargestellt sind die Strecken der Bergisch-Märkischen, strichpunktiert die der Rheinischen Eisenbahn.
Sammlung Günter Krall

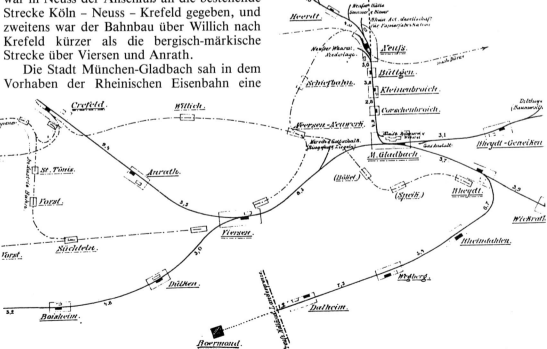

Die Brücken an der Viersener und der Bettrather Straße überquerten die Rheinische Eisenbahn. Sie verbanden die nördlichen Stadtteile, vor allem Windberg, mit dem Zentrum.
Unten: Ein Güterzug durchfuhr um 1900 die Brücke an der Viersener Straße in Richtung Speick.
Fotos: Sammlung Stadtarchiv

Eine preußische G 3 im Jahr 1906 im Bergisch-Märkischen Bahnhof M.Gladbach; links der Inselbahnsteig mit dem Empfangsgebäude.
Foto: Sammlung Stadtarchiv

Bahnhöfe und Fahrzeuge der Bergisch-Märkischen und der Rheinischen Eisenbahn

Der Centralbahnhof hieß nach der Übernahme durch die BME **Bergisch-Märkischer Bahnhof München-Gladbach**. Bis Ende der 60er Jahre wurden keine Änderungen an ihm vorgenommen. Erst nach Eröffnung der Strecke nach Odenkirchen und vor allem nach den Erfahrungen des deutsch-französischen Krieges erfolgten größere Umbauten, wobei der Inselcharakter des Bahnhofs bewahrt blieb, jedoch an der Ostseite ein weiteres, drittes Bahnsteiggleis hinzukam.

Das gestiegene Verkehrsaufkommen im Krieg erforderte eine Erhöhung der Zahl der in München-Gladbach stationierten Lokomotiven und eine Erweiterung der Lokbehandlungsanlagen. Der einständige Lokschuppen zum Ortsinnern hin und die Werkstatt wurden abgerissen. Provisorisch funktionierte man den Wagenschuppen am Inselbahnsteig in einen Lokschuppen um. In Höhe des heutigen Empfangsgebäudes wurde dafür eine Drehscheibe eingebaut und eine Ausschlackgrube angelegt. Als markantes Bauwerk entstand im Herzstück der Krefeld-Neusser Streckenzweige ein neuer 16-ständiger Lokschuppen mit langer Ausschlackgrube, zwei Kohlebühnen, einem Kohlelager, einer Wasserstation, einem Ersatzteillager und einer Werkstatt, in der 30 Arbeiter beschäftigt waren. Der Lokschuppen hatte einen Durchmesser von 60 m und ähnelte in seinen Umrissen einem Zirkuszelt, wonach es beim Lokpersonal hieß: „Wir fahren in den Zirkus". In der Schuppenmitte befand sich eine 20-Meter-Drehscheibe. Darüber war ein Rauchabzug angebracht, so daß die Loks mit dem Schornstein zur Drehscheibe hin abgestellt wurden.

Zur heutigen ersten Bahnsteighalle hin bestand eine große Kohleladestraße, wo die Färbereien, Druckereien, Maschinenfabriken, Eisengießereien, Kesselschmieden, Gerbereien, Tapetenfabriken, Dampfziegeleien, Mühlen, Marmorschleifereien, viele Textilfabriken und Asphaltfabriken der damals 36.000 Einwohner zählenden Stadt ihre Kohle zur Energieerzeugung und zum Heizen mit Pferdefuhrwerken abholten. Daneben gab es einen zweigleisigen Wagenschuppen und ein Bahnmeistermagazin.

In der Nähe des neuen Lokschuppens war eine Abstellanlage für Zuggarnituren mit 30 Gleisen entstanden.

Über die Ortsgüteranlage wickelten um 1880 etwa 90 Firmen ihren Versand und Empfang ab. Zu den hier umgeschlagenen Gütern gehörten Textilrohstoffe und -fertigprodukte, Kohle, Eisen, Stahl, Maschinen, Getreide, Holz und Kolonialwaren. Neben den Firmen und Einwohnern der Stadt waren aber auch die Nachbarorte Haardt, Vorst-Haardt, Neuwerk, Venn und Waldhausen auf den Bahnhof angewiesen.

An der Stelle des heutigen Empfangsgebäudes stand 1879 eine zum Bahnhof gehörende Fettgasanstalt mit Kesselhaus und Gasometer. Hier wurde aus Ölrückständen und Fett das Gas zur Beleuchtung der Personenwagen erzeugt, in eisernen Kesseln unter einem Druck von 10 bar gehalten, durch unterirdische Rohre zu den Bahnsteigen geleitet und dort in die Gasbehälter der Personenwagen gefüllt.

Der Bahnhof Rheydt der früheren Aachen-Düsseldorf-Ruhrorter Eisenbahn hieß nun **Bergisch-Märkischer Bahnhof Rheydt**. Die Rheydter Stadtverwaltung nannte ihn in ihren Jahresberichten 1873-84 den Bahnhof „Ober-Rheydt" oder „Bergisch-Märkischer Bahnhof Ober-Rheydt", ab 1885/86 wieder „Station Rheydt". Der Name „Ober-Rheydt" wurde gewählt, um Verwechselungen mit dem 1877 eröffneten und nur 500 m entfernten Bahnhof Rheydt der Rheinischen Eisenbahn (Rheydt-Morr) zu vermeiden.

Das Empfangsgebäude der um 1880 etwa 17.000 Einwohner zählenden Stadt Rheydt hatte sich mittlerweile als zu klein erwiesen, wurde aber trotzdem nicht erweitert.

Zu den in Rheydt behandelten Frachten zählten Rohstoffe und Fertigprodukte der Textilindustrie, Roheisen, Papier, Kohle, Getreide, Baumaterialien, Sprit, Petroleum, Kolonialwaren, Maschinenteile, Gießereierzeugnisse, Teerpappe und Bier.

Im **Bahnhof Wickrath** gab es bis auf den zweigleisigen Ausbau der Strecke München-Gladbach – Aachen im Jahr 1870 keine nennenswerten Veränderungen.

Das in Seitenlage plazierte Empfangsgebäude des **Bahnhofs Rheindahlen** war ein zweigeschossiger Ziegelbau mit angegliedertem

Der Bahnübergang der Rheinischen Eisenbahn an der Kreuzung am Fuß der heutigen Kaiser-Friedrich-Halle (um 1900).
Foto: Sammlung Stadtarchiv

Das Empfangsgebäude des Bahnhofs Wickrath um 1920. Foto: Sammlung Stadtarchiv
Unten: Blick in die Bahnhofsgaststätte von Wickrath in den 30er Jahren. Foto: Sammlung HuV Wickrath

Bahnhof Odenkirchen: oben die Gleisseite mit Gleis 1 und dem hölzernen Bahnsteigdach, unten die Straßenseite (1924).
Fotos: Sammlung Stadtarchiv

Güterschuppen. Zum Einzugsbereich gehörten die Ortschaften Sittard, Gerkerath, Günhoven und Dahlerbruch. Güter im Empfang waren Kohle, Getreide, Sprit und Kolonialwaren, versandt wurden Bier, Flachs und Leder.

Die Umgebung des **Bahnhofs Rheydt-Geneiken**, so die damalige Schreibweise der Eisenbahnverwaltung, war zur Zeit der Eröffnung der Strecke nach Odenkirchen noch ländlich, wie auch der Name „Am Gerstacker" für eine nahegelegene Straße belegt. So genügte ein kleines Fachwerk-Empfangsgebäude mit eingeschossigem Mittelteil und zwei symmetrischen Seitenflügeln den ersten Anforderungen. Neben dem Gebäude gab es einen Güterschuppen und vier Lagerplätze. Verladen und empfangen wurden u. a. Kohle, Textilien und Holz. Die Rheydter Stadtverwaltung nannte den Bahnhof von 1881 bis 1883 „Unter-Rheydt".

Der **Bahnhof Müllfort** (damalige Schreibweise) hatte ein klassizistisches Empfangsgebäude mit zweigeschossigem Mittelbau und zwei kleinen Seitenflügeln. In Richtung Geneiken schloß ein einfacher Holzschuppen an, der später einem massiv gebauten vergrößerten Seitenflügel wich. Der eigentliche Güterschuppen, neben dem es noch drei Lagerplätze gab, war in Richtung Odenkirchen angebaut. Verladen und empfangen wurden hier Koks, Kohle, Textilien, Leder, Malz und Ziegelsteine. Zum Einzugsbereich des Bahnhofs gehörte auch das Dorf Heiden.

Auch der **Bahnhof Odenkirchen** hatte ein klassizistisches, zweigeschossiges Empfangsgebäude, das jedoch von den anderen Bahnhöfen insofern abwich, als nicht der Mittelbau, sondern die beiden identischen Außengebäude betont wurden. Daneben gab es einen Güterschuppen, einen Lokschuppen mit Kohleladebühne sowie einen Lagerplatz. Die hier umgeschlagenen Güter waren Kohle, Holz, Baumwolle, Getreide, Wein, Lohe, Leder und Watte. Zum Einzugsbereich des Bahnhofs zählten die Orte Bell, Dürselen, Güdderath, Kamphausen, Sasserath, Stuppe und Wetschewell.

Der **Bahnhof München-Gladbach-Bökel**, auch „Gladbach (Bökel)" oder „München-Gladbach am Bökel" genannt, hieß im Volksmund einfach „Bökelbahnhof". Seine Gleise lagen im Bereich des heutigen Landgerichts an der Hohenzollernstraße. Auf der Stelle des einstigen Empfangsgebäudes parken heute die Autos rechts neben dem Gericht.

Architektonisch war es ein wahres „Eisenbahnschloß" mit Turm, Zinnen und orientalisch anmutender Fassade. Das 50 m lange Gebäude hatte zwei zweigeschossige Quertrakte, in die man über den Bahnhofsturm, der zugleich Aussichtsturm war, am Mittelbau gelangte. Das Gebäudeinnere wurde damals so beschrieben:

„In dem Raum für die Billetausgabe befinden sich neben den beiden Schalteröffnungen zwei Billetschränke. Größere Billetvorräthe werden in dem langen Wandschrank aufbe-

Der Bahnhof München-Gladbach am Bökel in einer zeitgenössischen Darstellung aus dem Jahr 1880.
Quelle: Stadtarchiv

Gesamtansicht des Bahnhofs München-Gladbach am Bökel um 1900.   *Sammlung Gerd Ohle*
Unten: Die südliche Einfahrgruppe des Bökelbahnhofs; im Vordergrund die Laderampe, rechts der Ladekran, dahinter der Stadtteil Eicken.   *Foto: Sammlung Herbert Marx*

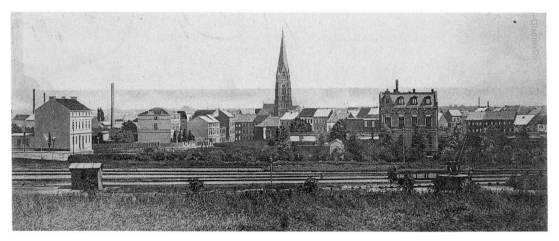

wahrt. Der Telegraphenraum enthält fünf Tische mit je zwei Telegraphenapparaten, den dazugehörigen Inductor, ein Schlafsopha für die Nachtwachen, einen Ofen, einen Actenschrank und zwei Stehpulte. Im Zimmer des Inspectors befindet sich ein Sopha mit runden Tischen, ein Arbeitstisch mit Aufsatz für die Acten, ein Ofen und ein Geldschrank.

   In der Gepäckannahme ist am mittleren Schalter die Gepäckwaage aufgestellt. Neben dieser Waage ist ein besonderer Raum abgetrennt, in welchem der Gepäckexpedient die

Gleisplan des Bahnhofs Bökel aus dem Jahr 1878. Man beachte die drei Wagendrehscheiben zu den Ladeplätzen!   *Quelle: Vermessungsamt*

Gepäckscheine ausstellt. Dieser Raum hat zwei Schalter. Durch das eine erfährt der Expedient das Gewicht und den Bestimmungsort des gewogenen Gepäcks, durch das andere übergibt er dem Reisenden den ausgestellten Schein. Raum zum Aufstellen der Schränke, in welchem die Vorräthe an Gepäckscheinen und Zetteln aufbewahrt werden, ist ebenfalls vorhanden."

Südlich des Empfangsgebäudes befand sich der Expreßgutschuppen, der über das Gleis am Hausbahnsteig mit einer Dreiwegeweiche und einem Ausziehgleis erreichbar war. Schräg gegenüber vom Hausbahnsteig stand der Güterschuppen mit Ladebühne und Lade-

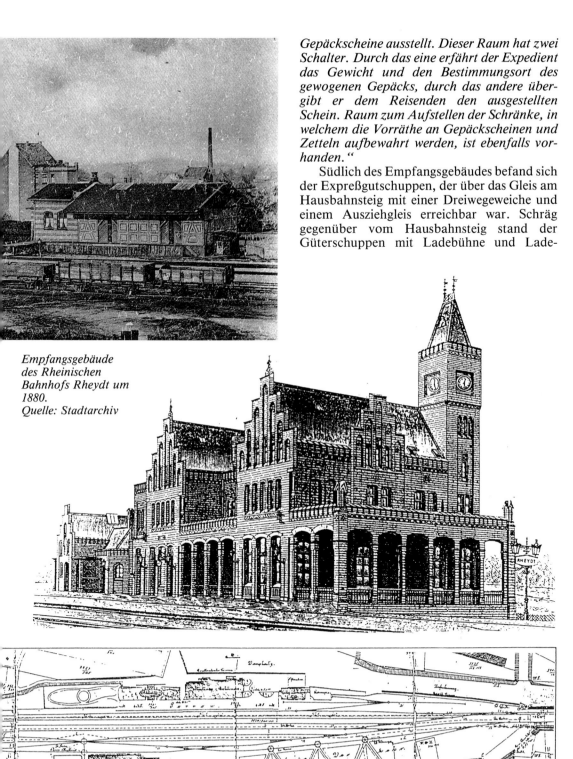

Empfangsgebäude des Rheinischen Bahnhofs Rheydt um 1880. Quelle: Stadtarchiv

rampe. Schuppen und Rampe waren von einer viergleisigen Gleisharfe gesäumt, wobei drei Gleise in zwei nebeneinanderliegende Wagendrehscheiben mündeten.

In das Freiladerampengleis waren drei Wagendrehscheiben eingefügt, so daß der Bahnhof insgesamt fünf Wagendrehscheiben hatte. Von den drei Drehscheiben führten jeweils zwei Gleise V-förmig in die Rampe, so daß an jeder Scheibe zwei Wagen gleichzeitig be- und entladen werden konnten. Außerdem hatte der Bahnhof sechs Lagerplätze.

Der **Rheinische Bahnhof Rheydt** wurde in den Statistiken der Rheydter Stadtverwaltung bis zu seiner Schließung am 1.10.1889 als Station Rheydt-Morr geführt, da er in der Nähe des gleichnamigen Ortsteils lag. Damit sollten Verwechselungen mit dem nur 500 m entfernten BME-Bahnhof Rheydt vermieden werden. Der Endbahnhof mit Erweiterungsmöglichkeit hatte ein Empfangsgebäude in Seitenlage. In Konzeption und Gestaltung ähnelte dieses dem Bökelbahnhof, es war jedoch etwas kleiner und schlichter gehalten. Wie sich herausstellte, war es für das Verkehrsaufkommen zu groß ausgefallen. So waren die Warteräume hier mit 138 m² gegenüber Ober-Rheydt (97 m²) und Geneiken (123 m²) wesentlich größer.

An der nördlichen (der jetzigen Eisenbahnstraße zugewandten Ecke) stand der Bahnhofsturm, der ebenfalls die Geschosse miteinander verband und zugleich Aussichtsturm war. Im oberen Geschoß waren Wohnungen untergebracht, und zwar für den Inspector (sechs Räume), den ersten Assistenten (fünf), den Güterexpedienten (vier), den Posten (drei), den Bahnhofswirt (drei) und den Weichensteller (drei). Südlich des Empfangsgebäudes befand sich der Güterschuppen.

Der **Bahnhof München-Gladbach-Speick** führte im Lauf der Zeit verschiedene Bezeichnungen, wie „Gladbach (Speick)", „München-Gladbach am Speick", „Gladbach-Speick", „München-Gladbach am Speyk", „München-Gladbach am Speik", „Mönchengladbach-Speick" und „Mönchengladbach-Speik". Er war zunächst nur als Güterbahnhof für die sich zwischen Dahl und Waldhausen entwickelnde Industrie gedacht. Nach Eingaben der Bürgerschaft vom August 1877 wurde im Jahr 1878 auch eine Personenhaltestelle eingerichtet. Der Bahnsteig war von der heutigen Bahnstraße aus, die Ortsgüteranlage von der Landgrafen- und der Kamillianerstraße aus erreichbar.

Der Bahnhof hatte drei Gleise: die Gleise 1 und 3 als Überholungs- und Ausweichgleise,

Der Bahnhof Neuwerk um 1920. Das markante Empfangsgebäude steht noch heute (siehe Seite 82).
Foto: Sammlung Herbert Marx

Gleis 2 als Durchgangsgleis. Da Speick ursprünglich durchweg Güterbahnhof sein sollte, lagen die nördlichen Einfahrweichen so ungünstig, daß sie beim Halt eines Personenzuges blockiert waren. Dieser Zustand wurde später beseitigt. An das Gleis 3 waren die Güterschuppengleise (Lade- und Abstellgleis) sowie das Freiladegleis angebunden.

Zwischen Bettrath und Neuwerk entstand an der Rheinischen Eisenbahn die **Haltestelle Dünn**. Nach einem Vorentwurf war für eine Haltestelle zu Bettrath ein Gebäude mit Mittelbau und Seitenflügeln, bestehend aus zwei Wartesälen, einem Fahrkartenraum und einem Restaurant vorgesehen. Ob das Gebäude aus Holz gebaut wurde und ob es sich um die Haltestelle Dünn handelte, ist fraglich.

Zu den Bahnhöfen der Rheinischen Eisenbahn gehörte auch **Neersen-Neuwerk**, das damals zum Kreis Gladbach zählte. Das Empfangsgebäude ähnelte dem Morr'schen Bahnhof, befand sich jedoch in Insellage und verfügte daher über zwei Hausbahnsteige. Der Bahnhof Neersen-Neuwerk war Knotenpunkt zwischen Viersen, Willich, Schiefbahn und dem Bökelbahnhof. Inzwischen existiert das Empfangsgebäude nicht mehr.

Die Bergisch-Märkische Eisenbahn übernahm im Jahr 1866 die **Lokomotiven** der Aachen-Düsseldorf-Ruhrorter Eisenbahn (die „Baal" und die „Kleinenbroich" waren schon 1863/64 ausgeschieden). Da sie eine eigene Nummern- und Namensliste hatte, wurden die 33 übernommenen Loks als Nr. 235 – 267 geführt. Einige Maschinen erhielten auch neue Namen (siehe Stationierungslisten). Bei den Cramptonloks „Rhein" und „Roer" traten mehrfach Blindwellenbrüche auf, so daß sie ab 1866 nur noch Rangierdienst versahen und 1868 (Roer) bzw. 1876 (Rhein) ausgemustert wurden.

Bei den Lokomotiven der Rheinischen Eisenbahn fallen zwei Maschinen auf, die vermutlich um München-Gladbach im Einsatz waren. Die „Dhün" war eine B1-Tenderlok von Hanomag mit 4.132 mm Radstand, 1.560 mm Treibraddurchmesser, 560 mm Kolbenhub und 406 mm Zylinderdurchmesser. Sie dürfte zwischen Neersen-Neuwerk und Rheydt-Morr den Rangierdienst besorgt haben. Die „Kaarst" war eine 1879 bei Vulcan gebaute C-Schlepptender-Güterzuglok mit 3.192 mm Radstand, 1.290 mm Treibraddurchmesser, 610 mm Kolbenhub und 470 mm Zylinderdurchmesser. Vermutlich beförderte sie Güterzüge zwischen Neuss und Rheydt.

Bei beiden Bahnverwaltungen gab es zwei Standard-**Personenwagen**: Die I./II.-Klasse-Wagen hatten drei Abteile mit insgesamt zwölf Polstersitzen, die III./IV.-Klasse-Wagen hatten Holzbänke. Jeder zweite Wagen besaß ein Bremserhaus mit Bremskurbel.

Bei den **Güterwagen** hatten nun gedeckte Fahrzeuge die Planwagen abgelöst. Die vielen Pferdetransporte im deutsch-französischen Krieg erforderten den Bau zahlreicher Viehwagen. Außerdem wurden viele Flachwagen für Drahtrollen, Schanzmaterial und anderes Kriegsgerät benötigt. Die Hochbordwagen waren mit Sitzschemeln und Bremskurbeln ausgerüstet. Die Rheinische Eisenbahn besaß zudem einige „Hülfswagen", die Vorläufer der späteren Bahndienstwagen.

Das Ende der Privatbahnzeit

Als am 18.1.1871 in Versailles das Deutsche Reich ausgerufen wurde und das deutsche Kaiserreich unter preußische Führung ging, waren in dem einheitlichen deutschen Staat nicht alle Reste der Kleinstaaterei überwunden. So war Bayern und Württemberg zugestanden worden, eigene Post- und Bahnverbindungen betreiben zu können. Obwohl der Krieg Bismarck die Notwendigkeit einer einheitlichen deutschen Eisenbahn verdeutlicht hatte, kam es nicht dazu. Vielmehr setzte die Verstaatlichung der zuvor privaten Bahngesellschaften ein, und es entstanden die Länder- bzw. Staatseisenbahnen, so auch die Königlich Preußische Staatseisenbahn.

Mit Gesetz vom 14.2.1880 wurde die Rheinische Eisenbahn, deren Netz auf 1.290 km angewachsen war, verstaatlicht. Sie unterstand fortan der Königlichen Eisenbahndirektion Cöln (linksrheinisch). Die Bergisch-Märkische Eisenbahn AG ging am 28.3.1882 in der Königlich Preußischen Staatseisenbahn auf. Ihre linksrheinischen Strecken (belg. Grenze – Neuss – Oberhausen, Rheydt – Dalheim, Aachen Marschiertor – Aachen Templerbend – München-Gladbach – Homberg, Viersen – Venlo, München-Gladbach – Jülich – Stolberg und Jülich – Düren) folgten am 1.4.1883. So ging das erste große Kapitel der Mönchengladbacher Eisenbahngeschichte zu Ende.

Die Länderbahnzeit

Der Bau der Verbindung nach Köln

Am 14.11.1881 richteten die Stadtverordneten von Rheydt folgendes Schreiben an den Minister der öffentlichen Arbeiten:

„Die schon seit Jahren concessionierte und für unsere Gegend von dem Herrn Handelsminister von Itzenplitz schon im Jahre 1869 als nothwendig erkannte Eisenbahnlinie Gladbach – Cöln darf wohl durch die nunmehr erfolgte Niederlegung der alten Festungswerke Cölns, durch die Verstaatlichung der Rheinischen sowie die bevorstehende Verstaatlichung der Bergisch-Märkischen Eisenbahn ihrer Ausführung entgegen sehen.

Das unterzeichnete Stadtverordneten-Collegium erlaubt sich daher Euer Excellenz auf die große Bedeutung dieser Linie für unsere so sehr emporblühende Industriestadt wiederholt ganz gehorsamst aufmerksam zu machen und zur hochgeneigten Erwägung zu bringen, welch hohen Werth die Stadt Rheydt auf eine direkte Verbindung mit der Metropole der Rheinprovinz und mit dem für unseren industriell so entwickelten Ort wichtigen Absatzgebiete des südlichen Deutschlands, der Schweiz und Italiens zu legen hat. Beispielsweise sei angeführt, daß unsere diesen Weg einschlagenden Güter durch das bisher in Neuss nöthige Umladen oder Umrangiren einen oft mehrtägigen Aufenthalt erleiden.

Unser städtisches Gebiet wird von zwei Linien der Berg.-Märk. Eisenbahn durchschnitten und es sind seitens der Stadt für die

Pferdedroschke vor dem Bergisch-Märkischen Bahnhof Rheydt um 1900.   Foto: Sammlung Stadtarchiv

hier abzweigende, so wichtige Linie Gladbach – Antwerpen, als auch für die Linie Gladbach – Hochneukirch – Düren bedeutende Geldopfer gebracht worden; auch hat die nunmehr verstaatlichte Rheinische Bahnstrecke Duisburg – Hochfeld – Crefeld – Rheydt hier ihre Endstation erreicht, ohne jeglichen Anschluß an eine der vorhin erwähnten Linien zu finden. Wir enthalten uns für jetzt aller speziellen Vorschläge in Betreff des auch für den Verkehr mit Belgien und England so bedeutungsvollen Projectes und bitten Euer Excellenz nur ganz gehorsamst, vor Feststellung der Route die hiesigen, so wichtigen Verhältnisse einer genauen Prüfung zu unterziehen und alsdann unseren Wünschen thunlichste Berücksichtigung hochgeneigtest gewähren zu wollen."

Am 18. und 28.10.1881 sandten die München-Gladbacher und die Kölner Handelskammer ähnliche Schreiben an den Minister. Daneben bemühte sich Grevenbroich um die Anbindung an die Strecke, was diese jedoch um 1,2 km verlängert hätte. München-Gladbach sah hingegen seine Interessen durch die Bemühungen Grevenbroichs gefährdet, so daß am 10.1.1883 hier ein Spezialkomitee gegründet wurde, um die direkte Verbindung nach Köln voranzutreiben. Diesem Komitee gehörten Vertreter der an der direkten Strecke liegenden Gemeinden an, nicht aber welche von Grevenbroich. Köln schloß sich der Auffassung München-Gladbachs an.

Trotz aller Bemühungen konnten die München-Gladbacher den Bahnbau über Hochneukirch und Grevenbroich letztlich nicht verhindern. Die Bauarbeiten zwischen beiden Orten begannen 1886 und am 1.5.1889 wurde dieser Abschnitt in Betrieb genommen. Am 20.11.1890 folgte das Teilstück Köln Hbf – Köln-Nippes – Köln-Ehrenfeld. Dann dauerte es fast acht Jahre, bis der Abschnitt Grevenbroich – Pulheim fertig war (Eröffnung am 1.10.1898). Am 1.4.1899 konnte auch die Lücke Pulheim – Köln-Ehrenfeld geschlossen werden. So waren

Im Jahr 1902 fuhr Kaiser Wilhelm II. im Hofzug durch Rheydt; ein großes Ereignis für die Stadt!
Foto: Sammlung Stadtarchiv

Eine bei der Staatsbahn ausrangierte Güterzuglok beim Einsatz in der Sandbaggerei am Mülforter Berg um 1900.
Unten: Die preußischen P 3^1 und P 6 am 23.6.1905 im Bergisch-Märkischen Bahnhof München-Gladbach. Dahinter steht die Wagenhalle, die 1870-73 zu einem zweiständigen Lokschuppen umgebaut wurde und eine Drehscheibe erhielt. *Fotos: Sammlung Stadtarchiv*

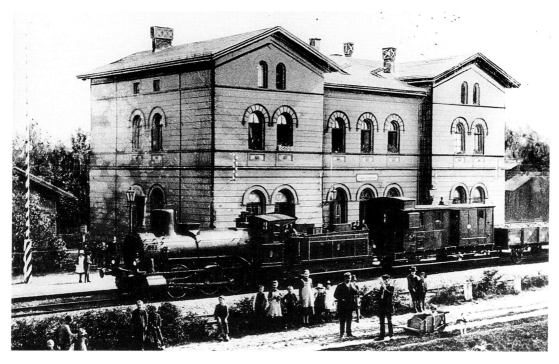

Eine preußische G 3 vor dem stattlichen Empfangsgebäude des Bahnhofs Odenkirchen im Jahr 1897.
Foto: Sammlung Stadtarchiv

Eine preuß. 1B-Maschine mit zwei Niederbordwagen um 1900 auf der Rheinischen Eisenbahn am Nordkanal beim Trietüberfall.
Unten: *Die Blockstelle Waldhausen an der Rheinischen Eisenbahn um 1900. Fotos: Sammlung Stadtarchiv*

seit der ersten Streckenvermessung über 50 Jahre vergangen, ehe die eingleisige Strecke fertiggestellt war.

Vor dem Bau der Strecke nach Köln wurde in Herrath ein Haltepunkt angelegt, der im Winterfahrplan 1887/88 erstmals auftauchte. Den heutigen Bahnübergang in Richtung Wickrath gab es schon damals.

Bahnhofsumbauten

Ende des 19. Jahrhunderts setzte auch im Gebiet um München-Gladbach, Rheydt und Wickrath ein großer wirtschaftlicher Aufschwung ein, der sich nach der Reichsgründung von 1871 noch verstärkte. Der dadurch stark angestiegene innerstädtische Verkehr wurde durch die zu ebener Erde liegenden Gleise erheblich behindert. So stauten sich am

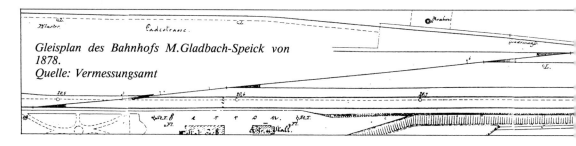

Gleisplan des Bahnhofs M.Gladbach-Speick von 1878.
Quelle: Vermessungsamt

Krall'schen Bahnübergang in München-Gladbach vor allem im Berufsverkehr viele Arbeiter, und es kam dort wiederholt zu Unfällen. In der Nähe der Bahnhöfe hatten sich zudem viele Firmen niedergelassen. Somit war es unumgänglich, die Bahnhöfe den gestiegenen Anforderungen anzupassen, sie zu vergrößern und die Gleise höherzulegen, so daß sich der Verkehr auf Straße und Schiene nicht mehr behinderte.

Der **Rheinische Bahnhof Rheydt (Rheydt-Morr)** konnte sich nie gegenüber dem BME-Bahnhof Rheydt behaupten, obwohl auch er Einfluß auf die Ansiedlung von Industrie genommen hatte. Er wurde bereits am 1.10.1889 geschlossen, das Gleis von Ohler zum Bahnhof Rheydt-Morr baute man ab. Das Empfangsgebäude diente danach als Wohnhaus.

Zur Entlastung des Krall'schen Bahnübergangs am BME-Bahnhof München-Gladbach hatte man spätestens 1878 ein Verbindungsgleis zwischen dem BME-Bahnhof Rheydt und dem Bahnhof Speick beantragt, von dem aus der Anschluß an die ehemalige Rheinische Bahn über den Bökelbahnhof in Richtung Neersen – Neuss und Neersen – Krefeld hergestellt werden sollte. Dieser Plan wurde noch vor dem 1.10.1889 verwirklicht, so daß vor allem Güterzüge in bzw. aus Richtung Krefeld und Neuss auf der ehemaligen Rheinischen Bahn den BME-Bahnhof München-Gladbach in beiden Richtungen umfahren konnten und der Krall'sche Bahnübergang nicht mehr so häufig geschlossen werden mußte.

Nach 1900 sollte der frühere Bahnhof Rheydt-Morr wieder Gleise erhalten. Der Güterverkehr im BME-Bahnhof München-Gladbach war sowohl im Rangierdienst als auch in der Ortsgüteranlage inzwischen so angewachsen, daß dort ein größerer Rangierbahnhof und ein leistungsfähigerer Umschlagplatz notwendig gewesen wären. Die Umgebung des Bahnhofs war damals schon soweit bebaut, daß für einen neuen Rangierbahnhof kein Platz war. So beließ man es bei dem Ortsgüterbahnhof und verlagerte die Güterzugbildung nach Rheydt, und zwar vom ehemaligen Bahnhof Morr über den Tipp und den Reststrauch bis halbwegs Wickrath hinunter.

In Rheydt-Morr errichtete man bis etwa 1905 auf dem vorhandenen Planum eine neue Gütergleisharfe, die südlich eine Anbindung an den neuen Rangierbahnhof Rheydt erhielt. Für ihn wurde die Rheindahlener Streckeneinmündung bis Mai 1902 weiter südlich in Richtung Wickrath verlegt.

Bis 1906 gab es im **Bahnhof München-Gladbach-Speick** einige grundlegende Veränderungen. Das dritte Gleis des Personenbahnhofs wurde abgebaut, zwischen den Gleisen 1 und 2 entstand ein Bahnsteig und der Freiladebereich wurde um ein Gleis erweitert. Die Umgebung des Bahnhofs entwickelte sich zum Industriegebiet.

Als die neue Güterumgehungsbahn über Ohler, Holt, Waldhausen und Windberg bis Eicken fertig war, endete der Personenverkehr am 1.5.1909. Das alte Gleis wurde hinter dem Bahnübergang an der Blumenberger Straße gekappt.

Mitte des Jahres 1909 ging die Zeit des **Bahnhofs München-Gladbach-Bökel** zu Ende. Dem Oberbürgermeister der Stadt (Hermann Piecq) reichte die Höherlegung der BME-Strecke nicht aus, er wollte die alte rheinische Strecke über den Bökel weiter westlich verlegt sehen – so wie es heute noch der Fall ist. Die Streckenverlegung wurde durch einen Vertrag vom 15./17.9.1903 zwischen der Stadt München-Gladbach und der Eisenbahnverwaltung geregelt. Damit wurde die Strecke ab Speick bis Eicken überflüssig, am 1.5.1909 stillgelegt und dann abgebaut.

Die späteren Hermann-Piecq-Anlagen wurden auf das heutige Niveau aufgeschüttet und

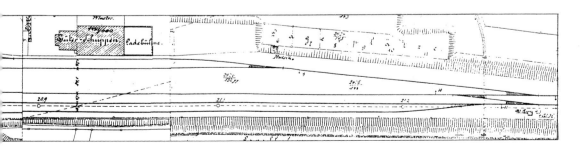

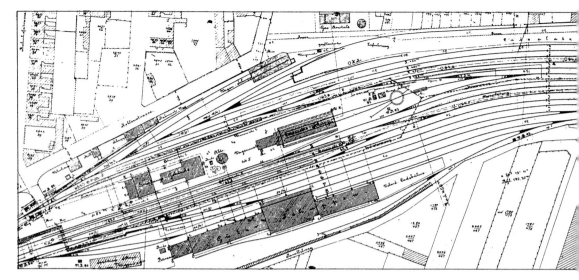

parkähnlich gestaltet. Auf dem Gelände des früheren Bökelbahnhofs entstanden später das Landgericht, die Feuerversicherung und die Reichsbank. Im Empfangsgebäude kam die Königliche Kreisbauinspektion unter. Ende des 1. Weltkriegs zog hier vorübergehend Militär ein, danach diente es Schulen als Ausweichmöglichkeit.

Die neue zweigleisige Güterumgehungsstrecke wurde am 1.5.1909 in Betrieb genommen. Sie besaß in Eicken einen Abzweig in Richtung Helenabrunn und Viersen und führte über Neuwerk weiter nach Neersen.

Nach der Stillegung der Bökelbergstrecke wurde die Haltestelle Dünn in die Umbauten

Der östliche Bahnsteig des Bergisch-Märkischen Bahnhofs München-Gladbach um 1905; im Vordergrund das Empfangsgebäude.   *Foto: Sammlung Stadtarchiv*

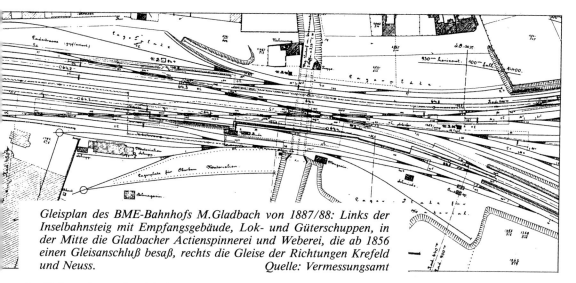

Gleisplan des BME-Bahnhofs M.Gladbach von 1887/88: Links der Inselbahnsteig mit Empfangsgebäude, Lok- und Güterschuppen, in der Mitte die Gladbacher Actienspinnerei und Weberei, die ab 1856 einen Gleisanschluß besaß, rechts die Gleise der Richtungen Krefeld und Neuss.   *Quelle: Vermessungsamt*

der Bahnanlagen der Jahrhundertwende einbezogen; denn es war eine neue Anbindung für den Personenverkehr nach München-Gladbach zu bauen. Zudem war zwischen Kinkelshütt und Hoven das neue städtische Gaswerk geplant, das ebenfalls einen Gleisanschluß von Dünn aus benötigte. Hierfür wurde der bei Eicken schon höherliegende Bahndamm bis Neersen auf das jetzige Niveau angehoben und in Dünn ein neuer Bahnhof gebaut, welcher ab 31.1.1907 **Bahnhof Neuwerk** hieß.

Das im ländlichen Fachwerkstil gehaltene Empfangsgebäude entstand nördlich der Bahnunterführung zwischen Hoven und Neuwerk. Der Inselbahnsteig zwischen den beiden Bahnhofsgleisen war durch einen Personentunnel

Der Krall'sche Bahnübergang an der südlichen Einfahrt des Bergisch-Märkischen Bahnhofs 1906; links die 1885 gebaute hölzerne Überführung.   *Foto: Sammlung Stadtarchiv*

Oben: Panoramaaufnahme des neuen Ortsgüterbahnhofs München-Gladbach um 1907.

Links: Die Güterabfertigung des BME-Bahnhofs München-Gladbach am 23.6.1905.

Unten: Die Gleise links führten zum 1900-05 gebauten Ortsgüterbahnhof; rechts ist der polygonale Lokschuppen mit 16 Ständen zu sehen (um 1905).
Fotos: Sammlung Stadtarchiv

aus erreichbar. Das Empfangsgebäude der ehemaligen Haltestelle Dünn wurde abgerissen.

Die neue Streckenanbindung nach München-Gladbach führte von Hoven über den Viersener Streckenzweig zum heutigen Hauptbahnhof hinunter und wurde am 1.5.1909 in Betrieb genommen.

Um den Kreuzungsverkehr am Krall'schen und am Dörenkamp'schen Bahnübergang zu verringern, wurden 1885 hölzerne Fußgängerbrücken gebaut. Der Gleisplan des **Bergisch-Märkischen Bahnhofs München-Gladbach** von 1888 wie auch Fotos der Jahrhundertwende weisen einige Gebäudeumbauten auf. So hatte das Empfangsgebäude einen dreiportaligen Vorbau erhalten, der hintere Querbau war auf das Doppelte verbreitert worden.

1899 trafen Vertreter der Eisenbahnbehörden und der Stadt München-Gladbach zusammen, um über die Anpassung der Bahnanlagen im Raum München-Gladbach an die neuen Gegebenheiten zu beraten. Dem Projekt der Bahnverwaltung für den BME-Bahnhof stimmten die Vertreter der Stadt München-Gladbach nicht zu. Sie wollten die Interessen der Stadt besser gewahrt sehen und forderten u. a.:
- Beseitigung des Krall'schen Bahnübergangs und Bau einer Unterführung;
- Beseitigung der Unterführung der Quirinstraße und Ersatz durch eine neue Straße, die von der verlängerten Bachstraße (heute Breitenbachstraße) bis zur Krefelder Straße führt;
- Beseitigung des niveaugleichen Übergangs der Flieth- und der Kranzstraße.

Die Vorarbeiten für die Überführung der Erzberger Straße waren am 6.5.1906 im vollen Gang.
Unten: Um die gleiche Zeit wurde an der Unterführung der Krefelder Straße gebaut (4.5.1906).
Fotos: Sammlung Stadtarchiv

*Die Bauarbeiten an der Straßenunterführung dauerten auch im darauffolgenden Jahr noch an (9.5.1907).
Unten: Die beiden nördlichen Stellwerke des Bergisch-Märkischen Bahnhofs München-Gladbach (17.9.1904).*   *Fotos: Sammlung Stadtarchiv*

München-Gladbach wollte sich an den Umbauten mit 600.000 Mark beteiligen, doch die Bahnverwaltung verlangte eine Beteiligung der Stadt in Höhe von 750.000 Mark, worauf sich die Stadt schließlich einließ.

Da das bestehende Bahnhofsgelände für die Erweiterungs- und Neubauten nicht ausreichte, war die Enteignung weiterer Grundstücke notwendig. Dabei gab es Einwände der Eigentümer, die jedoch überwiegend im Sinn der Bahn entschieden wurden.

Die Bahnanlagen mußten von der Einmündung der Dessauer Straße bis zur Überführung der Künkelstraße und des Bahndamms entlang Lürrip auf das heutige Niveau angehoben werden. Dabei waren das Gleis nach Neuwerk sowie die neue Anbindung nach Geneiken zu berücksichtigen. Nach der Fertigstellung der Ortsgüteranlage in Richtung Lürrip und der Verlagerung des Verschubbetriebs nach Rheydt im Jahr 1905 war der gesamte Gleisbereich im

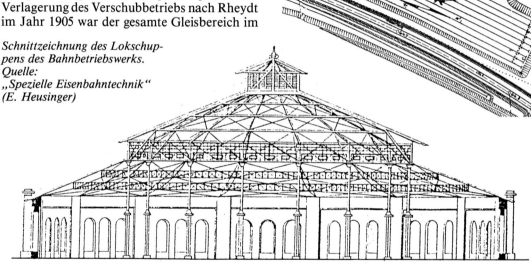

Gleisplan des Bahnbetriebswerks von 1878/88.
Quelle: Vermessungsamt

Schnittzeichnung des Lokschuppens des Bahnbetriebswerks.
Quelle:
„Spezielle Eisenbahntechnik"
(E. Heusinger)

Am 9.5.1907 befand sich der neue Lokschuppen mit 29 Ständen im Bau.   *Foto: Sammlung Stadtarchiv*

Rechts das neue Empfangsgebäude des heutigen Hauptbahnhofs Mönchengladbach im Rohbau, in Bildmitte das alte Gebäude mit dem Inselbahnsteig (9.5.1907).   *Foto: Sammlung Stadtarchiv*

östlichen Teil des Bahnhofs, der nun dem Personenverkehr diente, frei geworden. Die Bahnsteiggleise in Richtung Krefeld wurden vom heutigen Vituscenter bis zu den Stadtwerken an der Unterführung der Krefelder Straße gekappt und abgebaut. Die verbliebenen Gleisstümpfe entlang der Kohlenstraße nutzte man während des Umbaues zum Abstellen von Personenzuggarnituren.

Durch den Abriß der Fettgasanstalt, die an der Stelle des heutigen Empfangsgebäudes stand, schuf man Platz für ein neues Bahnhofsgebäude, dessen Bau im Jahr 1905 begann. Nach zwei Jahren war das Gebäude im Rohbau fertiggestellt. Vor dem hinteren Gebäudeteil konnte sodann die Aufschüttung beginnen und im gleichen Jahr die erste Bahnsteighalle aufgestellt werden (heutiges Gleis 1). Die Rheydter Zeitung stellte am 18.12.1907 den Bauzustand wie folgt dar:

„Nach Entfernung der Gerüste präsentiert sich das neue Empfangsgebäude als ein architektonisch schöner Bau, der mit seiner reichen Bildhauerarbeit und bunten Verglasung einen würdigen Eindruck macht. Tritt man durch das Hauptportal, so hat man vor sich die acht Schalter der Fahrkartenausgabe, rechts von diesen die Gepäckabfertigung und links den Wartesaal I. und II. Klasse mit dahinterliegendem Damenzimmer. An diesen schließt sich, ebenfalls mit einem Damenzimmer, der Wartesaal III. und IV. Klasse an. Die Wartesäle befinden sich außerhalb der Sperre, sie können also vom Publikum beliebig genutzt werden. Die Sperre befindet sich unmittelbar vor Eintritt in die Unterführung und dient gleichzeitig als Ein- und Ausgang."

Die Rheinische Post erinnerte am 31.12. 1957 an die schwierigen Bedingungen, unter denen der Bau damals ausgeführt wurde, und

Der ehemalige Marktplatz am Bahndamm nördlich des heutigen Hauptbahnhofs. An marktfreien Tagen diente der Platz auch als Rollschuhbahn.
Foto: Sammlung Stadtarchiv

Blick auf das alte Stellwerk am heutigen Bismarckplatz (um 1920).   Foto: Sammlung Stadtarchiv
Unten: Links die Goebenstraße, rechts der Bahndamm und das Gleisvorfeld des Bahnhofs München-Gladbach Mitte (heute Hbf) um 1915.   Foto: Sammlung Gerd Ohle

Der Bahnhof München-Gladbach Mitte nach der Fertigstellung um 1910. Foto: Sammlung Herbert Marx
Unten: Lageplan des Bahnhofs München-Gladbach Mitte aus dem Jahr 1910 mit Empfangsgebäude, Bahnhofsvorplatz, Goeben- und Krefelder Straße. Quelle: Vermessungsamt

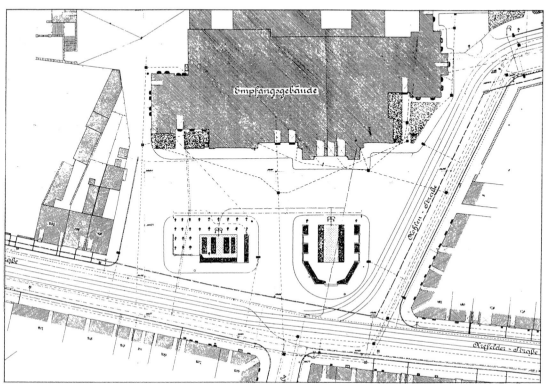

zitierte den Oberbürgermeister, der zu Klagen über den langsamen Baufortschritt zur Jahreswende 1907/08 erklärte:

„Die allerschwierigste Stelle ist die an der Viktoriastraße, und da ist die Eisenbahnverwaltung mit der Bitte an uns herangetreten, ihr provisorisch den einen Bürgersteig, wo die Bäume stehen, einzuräumen. Die Bahn baut dann das Gleis, welches am weitesten von der Viktoriastraße abliegt, hoch und fährt dort, während sie auf unserem Trottoir ein zweites Gleis legt und hier zugleich tief fährt. Dann baut sie das zweite Gleis hoch, baut dann die Futtermauer an der anderen Seite und legt dort das dritte Gleis. Das ist die Hauptschwierigkeit."

Mit der Gleisverlegung war auch der Abriß des Inselbahnhofs verbunden. Bis zum Sommer 1908 waren die ersten vier Bahnsteighallen und ein Personentunnel zur Eingangshalle fertiggestellt. Am Nordostkopf des Bahnsteigs 1 endete das Gleis aus Neuwerk. Die Loks der ankommenden Züge aus dieser Richtung fuhren über eine Weiche in den Viersener Streckenabzweig, in den eine Drehscheibe eingebaut war, wendeten dort und fuhren dann an das andere Zugende. Am Stellwerk Nordturm befand sich für die Neuwerker Loks ein Wasserkran. Auch die Anbindung der Geneikener Strecke war erneuert worden. Den Loks aus dieser Richtung stand an der Güterstraße eine 16-Meter-Drehscheibe zur Verfügung. In dieser Form wurde der Bahnhof am 25.11.1908 eröffnet. Zwei Jahre darauf waren auch die fünfte Bahnsteighalle und die Eilgutabfertigung vollendet.

Neben dem Stellwerk Nordturm (Nt) gab es die Stellwerke Westturm (Wt) am Bismarckplatz sowie Ostturm (Ot) an der Ecke Liebigstraße / Lürriper Straße. Das Stellwerk Ot regelte den Verkehr im Güterbahnhof, die beiden anderen Stellwerke waren für den Personenbahnhof zuständig.

Der Bahnhof hieß nun „München-Gladbach Mitte". Zum Hauptbahnhof wurde er erst 1927.

Der 16-ständige Lokschuppen des **Bahnbetriebswerks München-Gladbach** wurde vor dem 10.8.1907 abgerissen. An seiner Stelle wurde ein zunächst sechsständiger Schuppen errichtet, der schließlich auf 29 Stände erweitert wurde. In den halbringförmigen Schuppen gelangte man über die 20-Meter-Drehscheibe.

Zum Bahnbetriebswerk gehörten zwei Kesselhäuser, einige Magazine, eine Reparaturwerkstatt, eine rampenartige Kohlebühne, Übernachtungsräume, die Lokleitung und ein Verwaltungsgebäude. Das Wahrzeichen war der zur Kranzstraße hin stehende Wasserturm.

Nach alten Ansichtskarten wurde der BME-Bahnhof Rheydt, vor dem Umbau zum **Personenbahnhof Rheydt**, noch vor der Jahrhundertwende zweimal erweitert. Da Rheydt nun an die Verbindung nach Köln angeschlossen werden sollte, waren zusätzliche Ein- und Ausfahrgleise anzulegen. Es entstand der heute noch vorhandene Inselbahnsteig mit den Glei-

*Altes und neues Empfangsgebäude des Rheydter Personenbahnhofs um 1920.
Foto:
Sammlung Stadtarchiv*

sen 2 und 3 und dem alten Empfangsgebäude. Ferner waren Verbindungen nach Odenkirchen und zum neuen Rangierbahnhof am Tipp erforderlich.

Das neue Empfangsgebäude, das vor der Stützmauer des Bahnsteigs 1 errichtet wurde, besaß ein großzügiges Portal mit drei gleich großen rechteckigen Fenstern und in der Giebelspitze einen preußischen Adler. Der linke Seitenflügel mit Post- und Gepäckabfertigung erhielt einen Zugang von der Seitenfront her, der rechte Flügel bildete den separaten Ausgang. Die Giebel über seiner Ausgangstür waren im klassizistischen Stil gehalten. Neben dem Personenbahnhof wurde auch die Ortsgüteranlage erweitert.

Aus den Verwaltungsberichten geht auch der Bau der beiden heute noch bestehenden Stellwerke Rpf (Rheydt Personenbahnhof Fahrdienstleiter) und Rpn (Rheydt Personenbahnhof Nord) hervor. An ihren Stellen hatten zuvor vermutlich schon zwei Stellwerke gestanden. Im Oktober 1907 stand die Eröffnung des neuen Bahnhofs bevor. Die Rheydter Zeitung berichtete am 12.10.1907:

„Zur Eröffnung des neuen Bahnhofsgebäudes in Rheydt. Es soll hier nicht berührt werden, daß man anstelle des alten Bahnhofs lieber einen ganz neuen gesehen hätte, daß man der Bedeutung unserer Stadt und ihrer vielfachen Verkehrs- und Handelsinteressen entsprechend wohl die Errichtung einer ganz neuen und bedeutend größeren Anlage wünschen konnte und daß man vor einigen Jahren sehr schmerzlich enttäuscht war, als man hörte, daß dieser Wunsch für Rheydt nicht ebenso in Erfüllung ging, wie bei unserer Nachbarstadt M.Gladbach, die von der Eisenbahnverwaltung besser bedacht wurde. Hier soll nur von der jetzt geschaffenen Anlage, mit der wir uns nun und aller Voraussicht nach für lange Jahre abfinden müssen, die Rede sein.

Das nunmehr fertiggestellte Vorgebäude soll die Eingangshalle mit den Räumen für den Fahrkartenverkauf und für die Gepäckabfertigung sowie die Stationskasse aufnehmen. Mit den Wartesälen und den Diensträumen, die in dem umgebauten alten Bahnhofsgebäude ihren Aufenthalt finden sollen, und mit den Bahnsteigen ist es durch einen breiten Personentunnel sowie durch einen gemeinschaftlichen Tunnel für die Beförderung der Post und des Gepäcks verbunden.

Was nun die Ausführung des Empfangsgebäudes anbelangt, so zeigt es ohne allen überflüssigen Architektur-Aufputz, ohne Überhäufung mit Dekorationsmotiven, ein einfaches aber großzügig aufgefaßtes und fein abgewogenes Außenbild. Innen überrascht uns die große Einfachheit. Auch über die noch nicht ganz vollendete Vorplatzanlage läßt sich nur Gutes sagen.

Nur etwas will uns unzweckmäßig erscheinen; das gänzliche Fehlen einer Bedürfnisanstalt auf dem Platze. Da die Abortanlagen nur innerhalb der Bahnsteigsperre oben auf den Bahnsteigen vorgesehen sind, dürften sich bald Unzuträglichkeiten herausstellen. Bei dem großen Arbeiterverkehr und dem häufigen Menschenandrang bei den vielen sonntäglichen Festlichkeiten der fröhlichen rheinischen Bevölkerung muß auch hierfür Sorge getroffen werden, und der Bahnpolizei wird es kaum gelingen, den Vorplatz in notwendiger Ordnung zu halten.

Wenn wir nun ein Urteil über das neue Gebäude, welches in unserer Stadt entstanden ist, fällen wollen, so können wir nach der inneren Raumgestaltung und dem äußeren Charakter nur sagen: Es hat ein gesund moderner Geist gewaltet. Der Wert der Anlage liegt in ihrem zweckdienlichen Organismus, dem ganz natürlich sich durch die einfache, aber in den Maßen fein abgewogene Formgebung ein dem Auge wohltuendes Äußere umschließt.

In diesem Punkte ist man von der preußischen Eisenbahnverwaltung nicht verwöhnt. Entweder geschah bei den von ihr errichteten Bauten nichts, und klägliche, nüchterne Hochbauten, bei denen der Architekt fehlte, entstanden oder es geschah zu viel und aller Wert wurde auf eine rein äußere Architektur gelegt in roher Überladung mit dem ganzen Motivenschatz, den die Vorbilder historischer Zeiten und die falsch verstandene Moderne aufzuweisen haben. Man fragt sich, wie es möglich ist, daß bei derselben Verwaltung die veraltete Architekturmacherei, die Überladung mit harten unmaßstäblichen Formen, welche man noch bei neuen Bauten findet, Stand halten kann und dabei zugleich eine so gesunde Richtung in der Bauweise vorhanden ist, wie sie in dem Empfangsgebäude zu Aachen und nun auch in unserem Vorgebäude zu Tage tritt."

Im Mai 1910 begannen die Vorbereitungen zur Erweiterung der Strecke Rheydt – München-Gladbach auf drei Gleise und am 15.11. 1910 war das dritte Gleis verlegt. Während des Bahnhofsumbaues war man auch bemüht, die Strecke nach Köln zweigleisig auszubauen. Das gelang aber nur zwischen Odenkirchen und Köln (Eröffnung 1905). Der Abschnitt Rheydt Pbf bzw. Hbf – Odenkirchen ist bis heute eingleisig geblieben.

Für das **Bahnbetriebswerk des Rheydter Rangierbahnhofs** war zunächst ein Ringlokschuppen mit 24 Ständen und Drehscheibe geplant. 1905 konnte der Rangierbahnhof teilweise in Betrieb genommen werden. Von der neuen Einmündung der Strecke von Rheindahlen bis zur Böningstraße waren nebeneinander zwei Gleisharfen mit den Gleisen 4-16 entstanden, die als Ein- und Ausfahrgruppen genutzt werden konnten. Von der westlichen Gleisharfe führte ein Gleis zu einer Ausbesserungshalle für Güterwagen, die – wie auch das Bahnbetriebswerk und die Kohlebühne – an der Hochstraße (heute Eisenbahnstraße) lag.

Entgegen den ersten Planungen wurden schließlich zwei nebeneinanderliegende Drehscheiben mit zwei sich schneidenden Lokschuppen mit anfangs zusammen 32 Ständen gebaut. Später wurde die Zahl der Stände auf 25 reduziert.

Im östlichen Drehscheibenvorfeld befanden sich die Ausschlackgruben, die Wasserversorgung und die Besandungsanlage. Hinter dem Lokschuppen wurden Eisenbahnerwohnungen für 48 Familien errichtet, die noch heute stehen und in die ein Wasserturm integriert wurde. Die Wohnungen konnten ab 1.10.1905 bezogen werden. Nördlich der Lokbehandlungsanlagen stand das Verwaltungsgebäude mit den Übernachtungsräumen.

Zwischen dem Bahnbetriebswerk und den Streckengleisen nach Aachen befanden sich der Ablaufberg mit der zwölfgleisigen Richtungsgruppe sowie die Rampe zur Odenkirchener Güterstrecke, die am 1.10.1905 in Betrieb ging. Zum Veckelshecker Weg hin war die etwa 200 m lange Freiladestraße angelegt worden, zu der ein Verbindungsgleis vom Rangierbahnhof führte. Vom (inzwischen anderweitig genutzten) Bahnhof Rheydt-Morr führten zwei Gleise zur Güterumgehungsbahn. Ein drittes Gleis stellte die Verbindung zum Bahnhof Speick her. Am Südende erhielt der Rangierbahnhof eine Anbindung an die Strecke Aachen – München-Gladbach, und zwar in Richtung Wickrath. In dieser Form wurde der neue Rangierbahnhof am 4.4.1910 eröffnet. Gleichzeitig wurde das Verbindungsgleis von Rheydt Personenbahnhof nach Speick aufgelassen.

Endgültig abgeschlossen wurde der Bau des Rangierbahnhofs erst während des 1. Weltkriegs mit der Anlage einer weiteren Gleisgruppe in Richtung Wickrath. Bis dahin waren folgende Stellwerke entstanden: Wf (Wickrath Fahrdienstleiter, nahe der heutigen Bezirkssportanlage), Rs (Rheydt Süd, in Höhe der Abzweigung nach Rheindahlen), Rmf (Rheydt Mitte Fahrdienstleiter, in Höhe des Rheydter Wasserturms) sowie Morr Rf (Rheydt Fahrdienstleiter) und Rn (Rheydt Nord). Schließlich hatte der Rangierbahnhof in der Nähe der Böningstraße eine Desinfektionsanlage für die Viehverladung erhalten.

Im Jahr 1907 wurde der zweigleisige Ausbau der Strecke nach Dalheim geplant und 1909 realisiert. Hierdurch sowie durch die zunehmende Industrialisierung gewann der **Bahnhof Rheindahlen** an Bedeutung. So war bereits 1905 gegenüber des Empfangsgebäudes die Textilfabrik der Familie Dilthey & Co. entstanden. Der heute noch vorhandene Vorbau des Empfangsgebäudes entstand etwa 1900-10.

In Rheindahlen dominierte der Güterverkehr. Im Empfang überwog Steinkohle, ferner auch Düngemittel und Baumwolle. Verschickt wurden vor allem Ziegelsteine und Agrar-Erzeugnisse, Textilwaren und Spirituosen.

Westlich und östlich von Rheindahlen lagen etwa ab 1911 die Haltepunkte Günhoven und Genhausen (ab 1927 mit dem Vorsatz „München-Gladbach-"). Nachdem der Haltepunkt Günhoven nach dem 2. Weltkrieg aufgegeben worden war, existiert der Hp Genhausen noch heute.

Nach der Jahrhundertwende stand der **Bahnhof Wickrath** im Mittelpunkt verschiedener Industriebetriebe. Dazu gehörten die Sauerkrautfabrik an der Kohlenstraße, die Textilfirma Rees und das Wickrather Gaswerk. Der Personenverkehr nahm stark ab, nachdem man 1899 von Hochneukirch und dann von Rheydt aus direkt nach Köln fahren konnte.

Aus dem Jahr 1905 stammt ein Plan zur Erweiterung und zum Umbau des **Haltepunkts Herrath** zur Haltestelle mit Güterverkehr. Es entstanden eine Ortsgüteranlage mit Freiladegleis, eine Zufahrtsstraße, ein Fachwerk-Güterschuppen und ein Beamtenwohnhaus. Das alte kleine Empfangsgebäude und der Bahnübergang zwischen Herrath und Beckrath wurden beibehalten.

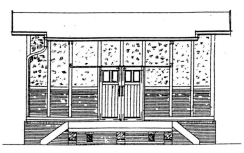 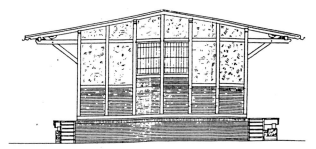

Vorder- und Seitenansicht des Güterschuppens des Haltepunkts Herrath. Der Schuppen war 1906 fertig.
Quelle: Sammlung Stadtarchiv

Der Güterverkehr florierte vor allem zur Erntezeit, wodurch der Bahnhof Wickrath entlastet wurde. Rüben- und Viehtransporte standen dabei an erster Stelle. Im Versand und Empfang von Kleinvieh wurde Wickrath sogar deutlich übertroffen, doch im Personenverkehr rangierte Herrath hinter Wickrath.

An der Strecke nach Odenkirchen siedelte sich im Lauf der Zeit immer mehr Industrie an. Das Empfangsgebäude des **Bahnhofs Rheydt-Geneiken** erwies sich bald als zu klein, so daß hier mit der Anbindung der Strecke nach Köln ein Neubau fällig wurde. Im Juli 1899 war der Plan für den Neubau fertig. Rechtwinklig zur Strecke entstanden zwei Außengebäude, die durch einen Querbau miteinander verbunden waren. Das nordwestliche Außengebäude war ein-, das südöstliche zweigeschossig. Im Obergeschoß waren Dienstwohnungen, im Kellergeschoß Diensträume eingerichtet.

Das in Ziegelbauweise errichtete Empfangsgebäude paßte sich den umliegenden Industriebetrieben an. Die Eingangshalle war über eine Treppe erreichbar, rechts lagen Fahrkartenschalter und Gepäckabfertigung. Im Quertrakt befanden sich die Wartesäle I./II. und III./IV. Klasse. Der Hausbahnsteig hatte ein Holzdach.

Ansichtskarten zeigen, daß der nördliche Seitenflügel des Empfangsgebäudes des **Bahnhofs Mülfort** vor der Jahrhundertwende vergrößert worden ist. Bekannt waren der Bahnhofspavillon, in dem auch Billard gespielt wurde, und der Markt in der Nähe des Bahnhofs.

Ansichten des neuen Empfangsgebäudes von Rheydt-Geneiken aus dem Jahr 1899, wie es 1900-10 gebaut wurde.
Quelle: Hochbauamt der Stadt Mönchengladbach

Anfang dieses Jahrhunderts erhielt Mülfort zwei Stellwerke: 1903 Ms (Mülfort Süd) und 1905 ein ebenerdiges Fahrdienstleiterstellwerk als Fachwerkbau, das später durch das Stellwerk Mf ersetzt worden ist.

Anläßlich der Erweiterung des **Bahnhofs Odenkirchen** auf acht Hauptgleise entstanden ein 215 m langer Mittelbahnsteig sowie die Ortsgüteranlage mit Schlosserei, Güterschuppen und Freiladegleis. Gegenüber des Empfangsgebäudes stand das Stellwerk Oot (Odenkirchen Ostturm) und an der Ausfahrt nach Hochneukirch das Stellwerk Owt (Odenkirchen Westturm).

Im Güterverkehr standen im Empfang Steinkohle und Braunkohlenbriketts an erster Stelle, gefolgt von Baumwolle, Ziegelsteinen und Chemikalien. Versandt wurden vor allem Rüben.

Am 15.12.1910 wurden die neuen Bahnanlagen feierlich in Betrieb genommen. In einem Festzug fuhren die München-Gladbacher Honoratioren einerseits über die Krefelder, die Bach-, die Lürriper und die Lüpertzender Straße zur Unterführung bei Mertens, andererseits über die Parallel- und die Viktoriastraße zur Unterführung der Rheydter Straße. Dort enthüllte der Präsident der Eisenbahndirektion die heute noch an der Stützmauer bei Hephata vorhandene Gedenktafel „Zur Erinnerung an die Umgestaltung der Kgl. Pr. Eisenbahnanlagen 1900-1910". Dann fuhr der Korso über die Rheydter, die Hitta-, die Dahlener, die Waldhausener und die Hohenzollernstraße zum Bökelbahnhof. Den Abschluß der Feierlichkeiten bildete ein Festessen in der Kaiser-Friedrich-Halle.

Die Entwicklung und der Lokeinsatz bis 1920

Der industrielle Aufschwung wurde mit dem 1. Weltkrieg jäh gestoppt. Die Firmen produzierten nun Stoffe und Leder für die Armee sowie Munition. Auch die Eisenbahnen ordneten sich militärischen Belangen unter. Gerade die Strecken nach Aachen hatten eine hohe strategische Bedeutung.

Durch den Krieg verlor Deutschland 7.868 km Strecke, 5.000 Lokomotiven und 150.000 Eisenbahnwagen als Reparationen an die Siegermächte. Dazu kamen in größerem Umfang Kohlelieferungen aus dem Ruhrgebiet, die zum großen Teil über die Strecke München-Gladbach – Aachen transportiert wurden.

Im Güterzugdienst bewährten sich vor 1900 die dreifach gekuppelten Lokomotiven. Die ersten Loks der Gattung G 3 stammten noch von der BME, die weiteren von der Preußischen Staatsbahn. Ihnen folgten die G 5, G 7 und G 8. Im 1. Weltkrieg liefen vor allem die D-Kuppler der Gattung G 9. Den Rangierdienst besorgten Lokomotiven der Gattungen G 3 und G 7.

Bahnbetriebswerk München-Gladbach (Länderbahnzeit)

Gattung	Bahnnummer	in M'Gladbach		Bemerkungen
S 3	206 Cöln	(um 1907)	– ?	nach Neuss ?
S 3	210 Cöln	?	– ?	
S 5²	524 Cöln	(1917)	– ?	(später DRG 13 819)
P 4¹	1816 Cöln	?	– ?	
P 4¹	1818 Cöln	?	– ?	
P 4¹	1831 Cöln	1910	– ?	
P 4¹	1832 Cöln	1910	– ?	
P 4¹	1833 Cöln	1910	– ?	
P 4¹	1834 Cöln	1910	– ?	
P 4¹	1835 Cöln	1910	– ?	
P 4¹	1836 Cöln	1910	– ?	
P 4¹	1837 Cöln	1910	– ?	
P 4¹	1838 Cöln	1910	– ?	
P 4¹	1840 Cöln	1910	– ?	
P 8	2409 Cöln	(1917)	– ?	(später DRG 38 1044, a 1928)
P 8	2410 Cöln	(1917)	– ?	(später SNCB 6410)
P 8	2411 Cöln	(1917)	– ?	(später DRG 38 1062)
P 8	2412 Cöln	(1917)	– ?	(später DRG 38 1063)
P 8	2413 Danzig	(1917)	– (1920)	(später PKP Okl-1Dz)

Bahnbetriebswerk Rheydt (Länderbahnzeit)

Gattung	Bahnnummer	in Rheydt		Bemerkungen
G 3	3171 Cöln	(31.8.1914)	– ?	für MED 3
G 3	3303 Cöln	(31.8.1914)	– ?	für MED 3
G 5	4170 Cöln	?	– ?	(später DRG 54 205)
G 7^1	5831 Cöln	(1920)	– ?	G 8^1-Tender (später DRG 55 636)
G 7^1	4614 Cöln	(1919/20)	– ?	von Militärdirektion Brüssel (später DRG 55 705)
G 7^2	4624 Stettin	(1919/20)	– ?	von Militärdirektion Brüssel (später DRG 55 1156)
G 8^1	5354 Cöln	(4.1921)	– ?	(später DRG 55 5274 / 56 555)
G 8^2	5028 Cassel	(1921)	– ?	erste G 8^2 im Bw Rheydt (später DRG 56 2112)
G 8^3	5901 Cöln	(1920)	– (4.1921)	(später DRG 56 101)
G 8^3	5339 Cassel	(1920)	– ?	(später DRG 56 124)
G 9	4559 = 5001 Cöln	(1920)	– ?	(später SNCB 7900)
G 9	4560 = 5002 Cöln	(1920)	– ?	(später SNCB 7920)
G 9	4561 = 5003 Cöln	(1920)	– ?	(später SNCB 7903)
G 9	4562 = 5004 Cöln	(1920)	– ?	(später DRG 55 2301)
G 9	4563 = 5005 Cöln	(1920)	– ?	(später SNCB 7905)
G 9	5861 = 5006 Cöln	(1920)	– ?	(später DRG 55 2313)
G 9	5817 = 5007 Cöln	(1920)	– ?	(später DRG 55 2318)
G 9	5818 = 5008 Cöln	(1920)	– ?	(später SNCB 7907)
G 9	5009 Cöln	(1920)	– ?	(später DRG 55 2345)
G 9	5010 Cöln	(1920)	– ?	(später SNCB 7910)
G 9	5012 Cöln	(1923)	– ?	(später DRG 55 2375)
G 10	5431 Cöln	1912	– ?	neu geliefert, nach Aachen West (1920) (später DRG 57 1220)
G 10	5432 Cöln	1912	– ?	neu geliefert, nach Aachen West (1920) (später DRG 57 1221)
G 10	5433 Cöln	1912	– ?	neu geliefert, nach Kiel (1933) (später DRG 57 1222)
G 10	5434 Cöln	1913	– (15.5.38)	neu geliefert, nach HH-Rothenburgsort (später DRG 57 1223)
T 13	7903 Cöln	Mitte 1925	– ?	von Krefeld Gbf, nach ? (später DRG 92 526)
T 13	7913 Cöln	Mitte 1925	– ?	von Krefeld Gbf, nach ? (später DRG 92 829)
T 15	8001 Cöln	15.10.22	– a	von Eaw Krefeld-Oppum, zuvor Stolberg (in Rheydt nur zerlegt)

Im Personenzugdienst überwogen anfangs 1B-Lokomotiven (z. B. P 3^1). Nach 1900 waren es kurzzeitig Maschinen der Gattung P 6, bis nach 1910 die P 4 und S 5 aufkamen. Zum Ende der Länderbahnzeit tauchten die ersten Personenzugloks der Gattung P 8 auf. Daneben fuhren Tenderloks der Gattungen T 9, T 14 und T 18.

Bei den Personenwagen bildeten die Abteilwagen der Rheinischen Bahn und der BME den Grundstock des Parks. Sie waren noch bis nach der Jahrhundertwende im Einsatz. Nach 1878 wurden entsprechend den Preußischen Normalien neue Personenwagen beschafft, die sich jedoch nicht sehr von den Privatbahnwagen unterschieden. In den 80er Jahren kamen dreiachsige Wagen auf, nach 1890 vierachsige Drehgestellwagen. Letztere dürften in München-Gladbach jedoch erst nach 1910 zum Einsatz gekommen sein, als hier Kurswagen in das Schnellzugnetz einbezogen worden waren.

Am 22.6.1913 entgleiste im Bahnhof Odenkirchen eine Güterzuglok. *Foto: Sammlung Stadtarchiv*

Die Reichsbahnzeit

Die Zeit nach dem 1. Weltkrieg

Das Kriegsende brachte für das Deutsche Reich tiefgreifende Veränderungen, die auch die Eigentumsform, Organisation, Größe und den Fahrzeugbestand der Eisenbahnen betrafen. Aus den deutschen Königreichen, Großherzog-, Herzog- und Fürstentümern wurden republikanische Freistaaten, denen die früheren Länderbahnen unterstellt wurden. Im November 1919 beschloß die Reichsregierung die „Verreichlichung" der deutschen Staatsbahnen mit Wirkung vom 1.4.1920. Die Reichseisenbahnen nahmen den Betrieb auf.

Belgische und französische Truppen besetzten am 11.1.1923 das Ruhrgebiet, weil Deutschland die Reparationslieferungen nicht erfüllte oder verzögerte, und verwalteten in eigener Regie zusammen mit deutschen Eisenbahnern die Eisenbahnen. Unter dieser „Régieverwaltung", die vom 5.2.1923 bis 15.11.1924 währte, litt der Betriebsablauf. Zudem verweigerten deutsche Eisenbahner den Dienst für die Besatzer. Sie wurden daraufhin vom Dienst suspendiert, mitunter auch ausgewiesen oder eingesperrt.

Zu dieser Zeit erreichten vor allem die Kohletransporte einen Tiefpunkt. Sie waren bereits gegen Kriegsende stark zurückgegangen, da es vor allem an Güterwagen fehlte. Man transportierte die Kohle wieder mit Pferdefuhrwerken oder stieg auf billigere Ersatzbrennstoffe wie Rohbraunkohle, Holz und Torf um. Ab 1.7.1923 durften Brennstoffe nur noch per Bahn transportiert werden, wenn die Belgier einen Transportschein ausstellten. Erst Anfang 1924 normalisierte sich die Situation langsam wieder.

Die Wirren der Inflation sowie die Weimarer Verfassung führten am 15.11.1923 dazu, die Reichseisenbahnen aus dem Reichshaushalt herauszulösen, so daß sie auch keine Staatszuschüsse mehr erhielten. Doch die Alliierten verlangten von der Reichsregierung offizielle Schritte. So verfügten sie durch Verordnung vom 12.2.1924, die Reichseisenbahnen in das wirtschaftlich und finanziell selbständige Unternehmen „Deutsche Reichsbahn" umzuwandeln. Ab 1.10.1924 nannte sich das Unternehmen nunmehr „Deutsche Reichsbahn-Gesellschaft" (DRG).

Die Bemühungen der Amerikaner und Engländer, die Régieverwaltung zu beenden („Dawes-Plan"), wirkten sich auch im Gebiet um München-Gladbach aus. Die Aufwärtsentwicklung der Industrie äußerte sich auch darin, daß mehrere Firmen zwischen 1927 und 1930 mit der DRG über Gleisanschlüsse in Speick und entlang der Strecke München-Gladbach – Odenkirchen verhandelten. Ab 1927 wurden auch Planungen für ein neues Postamt konkret, welches dem Bahnhof München-Gladbach Mitte angegliedert werden sollte. Dieser Bahnhof heißt seit jenem Jahr „Hauptbahnhof", während die Bahnhöfe Rheindahlen und Neuwerk den Vorsatz „München-Gladbach-" erhielten.

Eisenbahner des Bahnhofs Wickrath während der Régieverwaltung 1923. Foto: HuV Wickrath

Reichspräsident Paul von Hindenburg bei einer Ansprache auf dem Bahnsteig 1 des Rheydter Personenbahnhofs im Jahr 1925.
Unten: Die Ortsgüteranlage des Bahnhofs Mülfort, rechts das Empfangsgebäude (um 1910).
Fotos: Sammlung Stadtarchiv

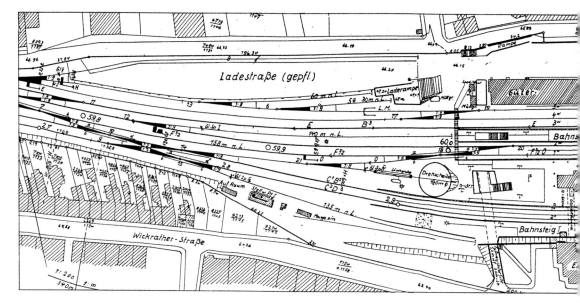

Das herausragende Bauvorhaben jener Zeit war der Neubau des Empfangsgebäudes von Herrath, wo der Personenverkehr Mitte der 20er Jahre so angestiegen war, daß das alte Gebäude nicht mehr ausreichte. 1926-28 erreichte er bereits wieder das Vorkriegsniveau, während der Güterverkehr bescheiden blieb. Das Gebäude wurde in den Jahren 1928-31 an der Ostseite der Herrather Strecke errichtet. Es hatte eine von schweren Mauerpfeilern gestützte Vorhalle, an die der Wartesaal anschloß, der eine lange Sitzbank an der linken Fensterseite besaß. Auf der rechten Seite der Vorhalle befanden sich die Fahrkartenausgabe und ein großes Schiebefenster als Empfangs- und Ausgabeschalter für Reisegepäck oder Eil- und Expreßgut. Hinter dem Wartesaal schloß die Gaststätte an, die bis Ende der 70er Jahre bewirtschaftet wurde. Zu den Bahnsteigen gelangte man durch einen Fußgängertunnel, der nach den Wünschen der Anwohner bis zur Dorfseite verlängert werden sollte, was jedoch unterblieb. Auf dem Hausbahnsteig war das kleine Stellwerk beim Bahnübergang als Erker an das Empfangsgebäude angefügt.

Die Jahre von 1933 bis 1945

Die Machtübernahme Hitlers im Jahr 1933 änderte zunächst nichts am Status der DRG. Nach dem Ende der Reparationsleistungen wurden die von der DRG erzielten Überschüsse nicht in die Bahnanlagen investiert, sondern gingen weitgehend im Bau der Reichsautobahnen auf. Um auch äußerlich die Abkehr von ausländischer Abhängigkeit zu demonstrieren, änderte die Hauptverwaltung der DRG am

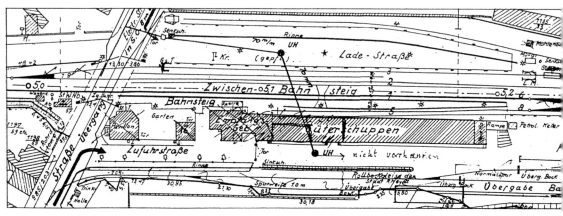

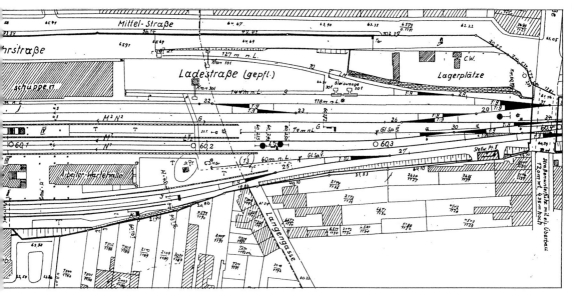

Oben: Gleisplan des Rheydter Personenbahnhofs zwischen 1911 und 1945.

Mitte: Eine preuß. S 10 vor einem Sonderzug am 1.5.1933 im Hbf München-Gladbach, mit Hakenkreuz an der Rauchkammertür. Foto: Stadtarchiv

Unten: Gleisplan des Bahnhofs Mülfort aus dem Jahr 1906.

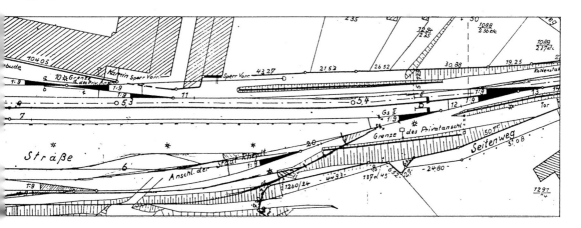

30.11.1936 rückwirkend ab 1.1.1936 die Namensbezeichnung in „Deutsche Reichsbahn" (DRB) und führte an den Fahrzeugen den Reichsadler ein.

Um 1935 erhielt der Personenbahnhof Rheydt am Südende des Inselbahnsteigs eine 18-Meter-Drehscheibe. In München-Gladbach (1929-33: Gladbach-Rheydt) war in der Nähe des Bökelbahnhofs das Landgericht entstanden. Das Empfangsgebäude war den Nationalsozialisten ein Dorn im Auge, da es ein „erbarmungsunwürdiger alter Kasten, ein vorsintflutiges Monstrum" sei. Zwischen Juli und Oktober 1937 ließen sie es abreißen. Zum Schluß fiel der 22 m hohe Bahnhofsturm, der rückseitig ausgehöhlt und mit Holzbalken abgestützt worden war. Der Platz, auf dem das Empfangsgebäude des Bökelbahnhofs stand, ist heute ein Parkplatz. Nur die Rheinbahnstraße erinnert an die Zeit, als hier noch Gleise lagen.

Links: Am 21.10.1937 fiel der Turm des Bökelbahnhofs, der für die Nazis ein „vorsintflutartiges Monstrum" war.   *Foto: Stadtarchiv*
Unten: Das alte Befehlsstellwerk von M.Gladbach Hbf im Jahr 1934. Später entstand auf seinem Stumpf ein vier-reihen-elektromechanisches Stellwerk, das 1978 außer Dienst gestellt wurde.
   Foto: Sammlung Günter Krall

Das Empfangsgebäude von München-Gladbach Hbf auf einer Ansichtskarte aus den 20er Jahren.
Unten: Die Bahnsteighallen des späteren Hauptbahnhofs von München-Gladbach um 1925. Links eine P 8 mit Personenzug, rechts eine G 8. Fotos: Sammlung Gerd Ohle

Am 11.10.1936 paradierte die Hitlerjugend vor dem Hauptbahnhof in München-Gladbach.
Foto: Heinz Vogel / Sammlung Stadtarchiv
Unten: Kinderlandverschickung in den 30er Jahren, ebenfalls auf dem Hauptbahnhof.
Foto: Sammlung Stadtarchiv

Wie der frühere Reichsbahninspektor Rademacher vom Bahnhof Erkelenz erzählte, rollten während des Westfeldzugs im Juni 1940 bei Tag und Nacht Truppen- und Materialzüge über München-Gladbach nach Westen. Nach dem Westfeldzug holte nach Aussage des Mönchengladbacher Eisenbahners Matthias Hilgers eine Gruppe des Bw München-Gladbach mit einem Straßenroller den ehemaligen ISG-Speisewagen Nr. 2419D aus Frankreich ab, in dem am 11.11.1918 der Waffenstillstand von Compiègne unterzeichnet worden war. Der Wagen kam nach Berlin, wo er „zur Genugtuung" ausgestellt wurde.

Bald begannen die alliierten Tiefflieger ihre Angriffe auf Bahnanlagen. Beim Bahndamm in Richtung Herrath schlugen die ersten Bomben ein. Rademacher schildert die Luftangriffe wie folgt:

„Während in den ersten Kriegsjahren die Alarmbereitschaft nur vereinzelt am Tage auftrat, steigerte sie sich in den letzten Jahren, besonders im Jahre 1944 derart, daß nur unter Fliegeralarm gearbeitet wurde. Mit der Invasion im Westen steigerte sich die feindliche

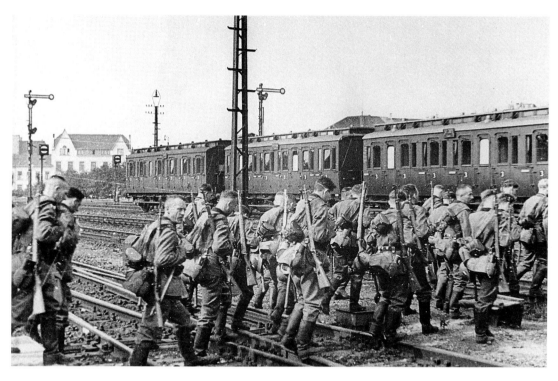

Am 1.9.1939 begann auch im Hauptbahnhof von München-Gladbach für viele deutsche Soldaten die Fahrt in eine ungewisse Zukunft. *Fotos: Arthur Haardt / Sammlung Stadtarchiv*

Blick auf eine relativ unversehrte Bahnsteighalle des Hauptbahnhofs 1947. Foto: Sammlung Stadtarchiv

Fliegertätigkeit noch mehr. Ein einzelner Flieger setzte in wenigen Minuten drei Zugloks vor Zügen auf der Strecke in unserem Unfallmeldebezirk außer Betrieb, wobei an einer Lok 98 Durchschüsse im Kessel zu verzeichnen waren. Der Lokführer und der Heizer wurden mit schweren Verbrennungen ins Krankenhaus Erkelenz gebracht. Damals gab es fast täglich Tote und Verletzte bei den Eisenbahnern."

Im Krieg hatte der München-Gladbacher Hauptbahnhof einen geräumigen Luftschutzbunker erhalten, der heute überbaut ist. In den Stellwerken waren Splitterschutzräume eingerichtet worden, die den Eisenbahnern bei Angriffen Schutz bieten sollten. Doch mußte der Dienst auch während der Angriffe weitergehen, denn der Fahrbetrieb war unter allen Umständen aufrechtzuhalten.

Das Bw München-Gladbach wurde viermal von Tieffliegern angegriffen, und zwar in der Nacht vom 30. auf den 31.8.1943, am 9. und 19.9.1944 und am 1.2.1945. Dabei gab es viele Tote. Die Bahnanlagen wurden im Krieg be-schädigt oder zerstört. So war die Brücke über die Steinstraße von einer Bombe getroffen worden, aber noch betriebsfähig. Die zerschossene Brücke am Tippweg wurde noch im Krieg notdürftig wiederhergestellt. Deutsche Soldaten sprengten die Brücken über die Wickrather Straße und den Kuhlenweg auf ihrem Rückzug. Im Bw Rheydt war der nördliche Lokschuppen zerstört, die Wasserversorgung unbrauchbar. Vom Personenbahnhof Rheydt waren nur noch die Grundmauern und das Vorderteil des nördlichen Seitenausgangs vorhanden. Der München-Gladbacher Hauptbahnhof war stark beschädigt und im Odenkirchener Empfangsgebäude fehlte das Obergeschoß. Das Stationsgebäude von Mülfort war zerstört, die Gebäude in Speick und Rheydt-Morr beschädigt.

In Herrath waren für das Eisenbahngeschütz in Erkelenz zwei Munitionswagen abgestellt. Sie kamen kurz vor Kriegsende unter Beschuß und explodierten, wobei zahlreiche Wohnhäuser beschädigt und das Beamten-

Der Bahnhofsvorplatz bot ein Bild der Verwüstung. Vor den Resten des Empfangsgebäudes (unten) blühte der Schwarzmarkt. *Fotos: Sammlung Stadtarchiv*

Aus dieser Sicht sind auch die Beschädigungen an den Bahnsteighallen erkennbar.
Foto: Sammlung Stadtarchiv

wohnhaus gegenüber des (unversehrten) Empfangsgebäudes zerstört wurden. Bei einem Tieffliegerangriff am 28.11.1944 wurden das an das Empfangsgebäude angebaute Stellwerk völlig zerstört und der Fußgängertunnel eingedrückt.

Vor dem Einmarsch der US-Army wurde die Güterumgehungsstrecke im Westen der Stadt zur Verteidigungslinie erklärt. Trotzdem zogen die Amerikaner am 28.2.1945 in das heutige Stadtgebiet ein. Am 1.3.1945 wurden die Kämpfe in München-Gladbach und in Rheydt eingestellt.

Die Nachkriegsjahre

Nach dem Krieg wurden die Eisenbahnen im Raum M.-Gladbach zunächst durch Amerikaner verwaltet. Die Strecken Aachen – M.-Gladbach, Viersen – Krefeld – Rheinhausen – Behelfsbrücke und M.-Gladbach – Neuss standen von März bis 14.8.1945 unter militärischer Betriebsführung der Amerikaner. Nach dem Zusammenschluß der amerikanischen und der britischen Zone zur Bizone am 1.1.1947 wurden auch die Eisenbahnverwaltungen beider Zonen vereinigt. Offenbach war der Sitz dieser Verwaltung, die ab 12.9.1948 die Bezeichnung „Hauptverwaltung der Deutschen Reichsbahn im vereinigten Wirtschaftsgebiet" führte.

Die beschädigten Strecken wurden gleich nach Kriegsende durch Amerikaner und Deutsche provisorisch instandgesetzt. Der Zugverkehr lebte durchweg von Improvisation. Überfüllte Züge mit Hamsterern, Flüchtlingen und Evakuierten waren die Regel. Kohlen wurden geklaut wo es eben ging, da half selbst strenge Bewachung wenig.

Im Bw Rheydt lief der Betrieb Ende 1949 wieder geordnet. 80 Lokbesatzungen waren für die Beförderung von Güterzügen nach Dalheim, Aachen, Vohwinkel, Hamm, Köln, Frintrop und Essen zuständig. Für die Wartung der Dampfloks standen 80 Lokführer, Lokheizer und Werkstatteisenbahner zur Verfügung. Dafür waren drei Stände des südlichen Lokschuppens überdacht geblieben, während man später auf die Überdachung der übrigen Stände verzichtete. In der an den südlichen Lokschuppen angrenzenden Wagenreparaturhalle wurden täglich etwa 40 Güterwagen instandgesetzt. Auf einem Gleis stand der Hilfszug bereit, um bei Unregelmäßigkeiten auf den Strecken sofort bereit zu sein.

Anfang 1948 verhandelte die Deutsche Reichsbahn mit der Stadt über die Stillegung des Abschnitts Geneicken – Mülfort. Als störend wurden vor allem die Bahnübergänge empfunden. Der Bahndamm sollte zu einer Straße ausgebaut werden, doch wurden diese Pläne nicht verwirklicht.

Während man in Rheydt noch in den 50er Jahren auf einen Bahnhofsneubau wartete, begannen die Diskussionen über die Neugestaltung des Viertels um den Hauptbahnhof M.-Gladbach schon 1949. Der im Krieg gebaute Luftschutzbunker war neben der Hindenburgstraße zum zweiten Geschäftszentrum der Stadt geworden. Hier waren das Postamt, einige Geschäfte, der Caritasverband und das Rote Kreuz untergebracht. Der Bahnhofsvorplatz war ein Mittelpunkt des Schwarzmarkts, aber auch des Straßenbahnverkehrs. Stündlich fuhren 50 Straßenbahnen vom Hauptbahnhof ab. Obwohl das Geld für den Wiederaufbau des Bahnhofs fehlte, war der Personenverkehr enorm. So wurden 1948 mit über 2 Mio. Fahrkarten doppelt soviel verkauft wie 1938. Im Sommer 1949 begann endlich die Aufräumung des Hauptbahnhofs. Zunächst sollten das Dach der Empfangshalle abgedichtet und die Expreßgutabfertigung und der Wartesaal II. Klasse repariert werden.

Die Lokomotiven zur Reichsbahnzeit

In den 30er Jahren wurden die Baureihen 55 und 56 zu den Standardloks des Bw Rheydt. Es folgten die Baureihen 57 und 58 und während des Krieges die 50er. Daneben standen Tenderloks der Baureihen 94 und 74 im Einsatz. Nach dem Westfeldzug tauchten hier 15 preuß. G 8¹ aus Frankreich und sechs preuß. P 8 aus Belgien auf. Nach dem Krieg waren die Baureihen 57 und 58 aus Rheydt verschwunden, es dominierten die Reihen 50, 55 und 56.

Im Bw M. Gladbach überwog in den 30er Jahren die Baureihe 38, unterstützt durch einige Maschinen der Baureihe 39. Im Jahr 1932 liefen hier kurzzeitig zwei Loks der Baureihe 17. Nach dem Westfeldzug kamen die belgischen Maschinen EB 6449, 6487 und 6509 (ehem. P 8) hierher. Von Herbst 1940 bis 1943/44 standen drei 03er auf den Strecken nach Köln, Aachen, Venlo, Kranenburg und dem Ruhrgebiet im Einsatz. Noch während des Krieges erhielt das Bw die ersten Loks der Baureihen 50 und 55. Die meisten 50er blieben jedoch nur bis 1946. Die wenigen in der Nachkriegszeit übriggebliebenen 55er wurden im Reisezug-Rangierdienst eingesetzt. Während der gesamten Reichsbahnzeit waren in M.-Gladbach Tenderloks der Baureihe 78 beheimatet. Nach dem Krieg kamen einige 92er dazu und 1946 wurde auch eine 93er gesichtet. Mit Beginn der Reichsbahnzeit verkehrten über M.-Gladbach auch Akkutriebwagen.

Verkehrten im Winter 1920/21 in M.-Gladbach 211 Züge, so waren es im Sommer 1925 immerhin 285. Damals hatte die Stadt sieben D-Zug-Verbindungen, fünf D-Zug-Kurswagen- und drei Eilzug-Kurswagen-Verbindungen:
D-Zugpaare:
D 29/30 nach Berlin, D 81/82 nach Frankfurt am Main, D 103/104 und D 137/138 nach Berlin, D 175/176 nach Freiburg, D 197/198 nach Leipzig und D 199/200 nach Hamburg.
D-Zug-Kurswagen:
D 89/90 nach Berlin und Leipzig, D 107/108 nach München, Stuttgart, Basel, Mailand, Wien, Rom, Amsterdam und Vlissingen, D 175/176 nach Baden-Baden und Mannheim, D 193/194 nach Hamburg-Altona sowie D 199/200 nach Berlin und Leipzig.
Eilzug-Kurswagen:
E 342 von Berlin, E 369/370 nach Berlin und E 392 von Leipzig.

Anfang 1949 forderte der Niederrheinische Verband für Verkehrsverbesserungen, den M.-Gladbacher Raum in den Nahschnellverkehr stärker einzubeziehen. So verkehrten die Ruhr-

Bahnbetriebswerk Rheydt (Beuteloks aus Belgien, Gattung P 8)

Bezeichnung	in Rheydt	bis	Bemerkungen
EB 6509	29.11.40 –	?	von Ottignies (ex P 8 2506 Hannover)
EB 8272	(11.1942)–	um 1944	nach Hasselt (G 8¹)
EB 8458	16.5.44 –	?	von Hasselt (G 8¹)
EB 8465	? –	16.5.44	nach Hasselt (G 8¹)
EB 8615	(11.1942) –	um 1944	nach Hasselt (G 8¹)
EB 8617	(11.1942) –	?	(G 8¹)
81.576	(1951) –	?	von DB 1950 übernommen (G 8¹)

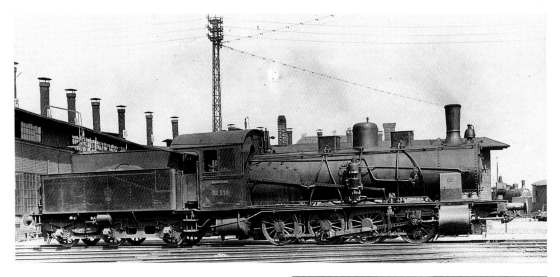

Vor dem Bahnbetriebswerk Rheydt am 7.7.1933: oben die 56 2079, unten die 55 610.
Fotos: Carl Bellingrodt (Sammlung Günter Krall)

schnellzüge und Eiltriebwagen im Mai 1949 erstmals über M.-Gladbach, das ab 1950 Mönchen-Gladbach hieß und sich seit 1960 Mönchengladbach schreibt. Die zunächst zehn Ruhrschnellzüge (R) und die 13 Eiltriebwagen (Te) brachten erhebliche Fahrzeitverkürzungen.

Zum 15.10.1948 war vorgesehen, die Eisenbahnverwaltung in der französischen Zone in die bizonale Verwaltung einzugliedern, was jedoch zunächst unterblieb. Nach dem Inkrafttreten des Grundgesetzes am 23.5.1949 wurde dann aber verfügt, daß ab 7.9.1949 im gesamten Gebiet der Bundesrepublik Deutschland anstelle der Bezeichnung „Deutsche Reichsbahn" der Name „Deutsche Bundesbahn" (DB) zu führen sei.

Bahnbetriebsbwerk Rheydt
(Beuteloks aus Frankreich, Gattung G 8[1])

Bezeichnung	in Rheydt
1-040 D 66	(11.1942) – ?
1-040 D 445	(11.1942) – ?
1-040 D 469	(11.1942) – ?
1-040 D 513	(11.1942) – ?
1-040 D 560	(11.1942) – ?
1-040 D 594	(11.1942) – ?
2-040 D 30	(11.1942) – ?
2-040 D 50	(11.1942) – ?
2-040 D 98	(11.1942) – ?
3-040 B 905	(11.1942) – ?
3-040 B 913	(11.1942) – ?
3-040 B 917	(11.1942) – ?
3-040 B 926	(11.1942) – ?
3-040 B 932	(11.1942) – ?
5-040 E 11	(11.1942) – ?

Die Bundesbahnzeit

Der Wiederaufbau der Bahnanlagen

Nach dem Krieg verzögerte sich der Wiederaufbau des **Hauptbahnhofs Mönchen-Gladbach** aus vielen Gründen. Erst im März 1959 war der Bahnhof fertig. Zu den ersten Gebäudeteilen, die im Jahr 1950 wieder genutzt werden konnten, gehörten die Vorhalle, der Wartesaal II. Klasse und die Gepäckannahme. Auch der Güterschuppen an der Breitenbachstraße war fast wiederhergestellt. Im November 1951 gab es erste Pläne zur Gestaltung der Fassade. Als Teil des Vorplatzes nahmen im September 1952 die Bahnsteige des Omnibusbahnhofs Gestalt an. Der Fußgängertunnel von der Empfangshalle zur Straßenbahnhaltestelle (eigentlich für März 1953 vorgesehen) war erst Ende 1953 fertig. Im Jahr 1953 wurden die Hallendächer neu verglast, wofür 4.000 m^2 Glas erforderlich waren. Bis Ende 1953 waren auch der Fahrtreppentunnel ausgeschachtet und das Lichtburgkino (das heutige Vituscenter) eröffnet.

Bis Herbst 1955 wurde das Zollamt am Güterbahnhof instandgesetzt. Abgesehen vom Einbau von Schließfächern und der Aufstellung der ersten beiden Telefonzellen änderte sich am Empfangsgebäude bis 1958 nicht viel. Sein heutiges Aussehen erhielt es erst zwischen Oktober 1958 und März 1959.

Beim Entwurf der Fassade des Empfangsgebäudes verzichtete man auf die früheren Ziergiebel über Hauptportal und Wartesaal. Damit wurde das Gebäude im Vergleich zu dem des Jahres 1908 erheblich vereinfacht, da man auf die beiden Außendächer, den Vorbau rechts neben dem Haupteingang, die Kuppeldächer der Portalhäuschen und das Rund-

Das Empfangsgebäude des Hauptbahnhofs Mönchen-Gladbach ist um 1960 wiederhergestellt.
Foto: Sammlung Stadtarchiv

bogenfenster des Wartesaals verzichtete. Die Gestaltung war umstritten und es gab Stimmen, die für einen Wiederaufbau im alten Stil plädierten, doch setzte sich schließlich der sachlich-nüchterne Baustil der 50er Jahre durch. In der Rheinischen Post vom 22.10. 1958 erschien zu der Auseinandersetzung ein Gedicht:

„Dem Hauptbahnhof ins Stammbuch

Nun bist Du doch ziemlich alt geworden,
man sieht es an Deinem schmutzig-grauen Kleid,
Du blickst zwar standhaft noch nach Norden,
doch wirst Du dabei manchmal blaß vor Neid.
Um Dich herum hat sich viel verändert,
Du siehst die Schillerstraße nur als Loch,
ringsum ist alles neonleuchtgebändert,
und trotzdem hast Du Deine stramme Haltung noch!
Du denkst drum oft mit Unbehagen:
Aus welchem Grund erinnert man sich meiner nicht?
Ich könnte auch ein neues Kleid vertragen
und strahlte selber gern im Neonlicht.
Doch wirst Du bald den Wunsch bereuen!
Es wurde jetzt ein Urteilsspruch gefällt;
man renoviert Dich nur, Dich alten, treuen,
denn für ein neues Kleid, sagt man, fehlt das Geld.
Man führt mit Dir so allerlei im Schilde,
man macht aus Deinem alten Rock ein Sambahemd,
man macht das Runde eckig ohne Milde
und oben wirst Du kahl ausseh'n, wie abgeflämmt.
Man wird sich in Dein Innenleben schleichen
und baut einen Lattenrost in Deinen Bauch,
man wird ihn Blau und Gelb symbolhaft streichen
und glaubt, St. Vith und Gladbach freuten sich dann auch!
Sind die verschwunden, die Dich so bebauen,
dann kommst Du Dir, befreit von jeglichem Dekor,
Du brauchst in den Spiegel nur zu schauen, wie'n
Steinzeitmensch mit 'ner modernen Brille vor.
Du wirst betrübt an Deine Stirne fassen
und Dich auf einem alten Bild besehn,
dann wünschst Du: Hätt' man mich doch so belassen,
ich würde zumindest stilgerecht bestehn."

Mit dem „Lattenrost" war die Zwischendecke in der Empfangshalle gemeint, die in 6,50 m Höhe eingezogen und mit Neonleuchten ausgestattet war.

Ende 1959 wurde die Paßkontrolle, die bis dahin im Bahnhof Kaldenkirchen stattfand, nach Mönchen-Gladbach verlegt, da die Fernzüge wie Rheingold-, Loreley- und Austria-Expreß nicht mehr in Kaldenkirchen hielten. Der Abzweig nach Neuwerk wurde nicht wieder aufgebaut, so daß Neuwerk nicht mehr vom Mönchen-Gladbacher Hauptbahnhof, sondern über Viersen und Krefeld erreichbar war. Das dritte Gleis zwischen Mönchen-Gladbach und Rheydt wurde nach dem 2. Weltkrieg abgebaut.

Im Bahnbetriebswerk Mönchengladbach: Entfernen der Lösche aus der Rauchkammer der Neubaulok 23 038, die 13 Jahre lang hier beheimatet war.   Foto: Sammlung Herbert Marx

03 094 (Bw Mönchengladbach) und 38 2983 (Bw Düsseldorf Hbf) zu Beginn der 60er Jahre unter der Bekohlungsanlage des Bw Mönchengladbach. Foto: Franz Grifka

Das im Krieg stark beschädigte **Bahnbetriebswerk Mönchen-Gladbach** erhielt im Juni 1951 eine neue 23-Meter-Drehscheibe (max. 350 t), die damals von etwa 100 Loks täglich benutzt wurde, davon 60 aus dem eigenen Bw. Damals wurden hier pro Tag 70-90 t Kohle und 1.000 m³ Wasser verbraucht. Die Laufleistung der Mönchen-Gladbacher Personenzugloks lag bei 300 km/Tag. Der Ringlokschuppen wurde erst um 1960 mit wiederum 29 Ständen erneuert, wobei die mittleren Stände im Gegensatz zur Vorkriegszeit freiblieben.

An der unteren Hindenburgstraße entstand eine bahneigene Kraftfahrzeugstelle, zu deren Fahrzeugpark zunächst vier Lkw, drei Anhänger, fünf Zugmaschinen, drei Straßenroller, ein Spezialfahrzeug für Großbehälter, drei Pkw und ein Motorrad gehörten. Zwei der drei Straßenroller (ab Baujahr 1933) waren ein- und einer zweiteilig. Sie hatten 16 lenkbare Räder, 40 t Tragfähigkeit und 65-135 PS starke Zugmaschinen.

Der Wiederaufbau des **Personenbahnhofs Rheydt** war abhängig von der Reparatur der Brücken der Strecke nach Odenkirchen, über die Fernzüge linksrheinisch über Köln – Mönchen-Gladbach – Kaldenkirchen geleitet werden sollten.

Im April 1951 legte die DB der Stadt Rheydt Pläne für den Wiederaufbau des Personenbahnhofs vor, welcher schon damals mitunter „Hauptbahnhof" hieß, obwohl er diesen Rang erst in den 60er Jahren erhielt. Die Pläne sahen ein eingeschossiges kastenförmiges Gebäude vor, das dem Stadtbauamt nicht gefiel, es bevorzugte aus städtebaulichen Gründen einen Zweigeschosser. Man einigte sich schließ-

Wiederaufbau des Personenbahnhofs Rheydt 1949.   *Foto: Sammlung Stadtarchiv*
Unten: Blick auf das nordöstliche Vorfeld des Hauptbahnhofs Mönchengladbach im Jahr 1962. Im Hintergrund die im 2. Weltkrieg stark in Mitleidenschaft gezogene ehemalige Gladbacher Actienspinnerei und Weberei, im Vordergrund der zerstörte Bahnhofsbunker.   *Foto: Steves / Sammlung Stadtarchiv*

lich darauf, zunächst den einfachen Entwurf der DB zu verwirklichen und ihn später aufzustocken.

Im Juni 1951 begann der Wiederaufbau, wobei zunächst die Gebäudereste des zerbombten Empfangsgebäudes beseitigt wurden. Schon bald nahm man den Inselbahnsteig, die Fahrkartenausgabe und die Gepäckabfertigung wieder in Betrieb. Im September 1951 waren die Brückenbauarbeiten in Richtung Odenkirchen soweit gediehen, daß die Wiedereröffnung der Strecke für das Frühjahr 1952 vorgesehen werden konnte. Probleme gab es nur an der Brücke über die Wickrather Straße. Da die vorgesehene (24 m lange) Brücke nicht zur Verfügung stand, behalf man sich mit einer 18- und einer 6-m-Brücke als Provisorium. Die endgültige Brücke wurde im Sommer 1952 eingebaut. Nach Freilegung des auf 25 m Länge zugeschüttet gewesenen Fußgängertunnels des Personenbahnhofs bis Herbst 1951 konnte die Strecke nach Odenkirchen am 15.12.1951 vorzeitig wiedereröffnet werden. Den festlich geschmückten Sonderzug führte die Lok 78 104 des Bw Mönchen-Gladbach.

Nach der Aufstockung konnte das Empfangsgebäude in der heutigen Form am 6.12.1956 eingeweiht werden. Auch der Bahnhofsvorplatz nahm inzwischen Gestalt an. Der Busbahnhof war fertiggestellt, die Straßenbahn hatte ihre Gleise erneuert und im Herbst 1953 begann der Bau des Bahnhofshotels. Zwischen 1951 und 1959 wurde die Drehscheibe am Südende des Inselbahnsteigs ausgebaut.

Anfang der 50er Jahre lag im **Rangierbahnhof Rheydt** noch vieles brach. Im Frühjahr 1952 hob der Verkehrsverein die Notwendigkeit des Ausbaues des Rangierbahnhofs hervor und forderte eine Abstellgruppe für Reisezüge, da alle von Norden ankommenden Züge bis Rheydt und von Süden bis Mönchen-Gladbach durchfahren sollten.

Die Bundesbahndirektion Köln plante zunächst den Wiederaufbau des Rangierbahnhofs Köln-Gremberg und erst dann den des Rbf Rheydt, dessen Aufgaben noch 1954 vom Güterbahnhof Viersen erfüllt wurden. Erst 1959 befaßte sich die DB mit dem Umbau des Rangierbahnhofs Rheydt. Dabei verzichtete man auf den Wiederaufbau der Güterzugstrecke nach Odenkirchen.

Rangierbahnhof Rheydt mit Ablaufberg und Bekohlungsanlage um 1960. Im Vordergrund die Holzhandlung Daniels & Niess, direkt dahinter der Wasserturm, an dem noch die Betonmasten der Obus-Fahrleitung zu sehen sind. *Foto: Werkfoto Daniels & Niess*

Das Bahnbetriebswerk Rheydt um 1960: Links der noch intakte Schuppenteil, rechts das im 2. Weltkrieg zerstörte Schuppengelände, im Vordergrund eine 55er mit Güterzug in Richtung Aachen.
Foto: Kurt Schippers / Sammlung Dr. Günther Barths
Unten: Das Bw Mönchengladbach in den 60er Jahren. Die Akkutriebwagen waren hier ab 1960 stationiert.
Foto: Dr. Günther Barths

Bahnbetriebswerk Rheydt im Jahr 1959: Schweißarbeiten und wohlverdiente Pause! Fotos: Franz Grifka

Körperlich schwere Arbeit am Fundament einer der beiden Drehscheiben im Bw Rheydt (1959).
Foto: Franz Grifka

Der Bahnhof Mülfort mit der Rollbockumsetzanlage um 1960. Zu sehen ist auch die elektrische Rangierlok der Stadtwerke Rheydt.
Foto: Sammlung Stadtarchiv

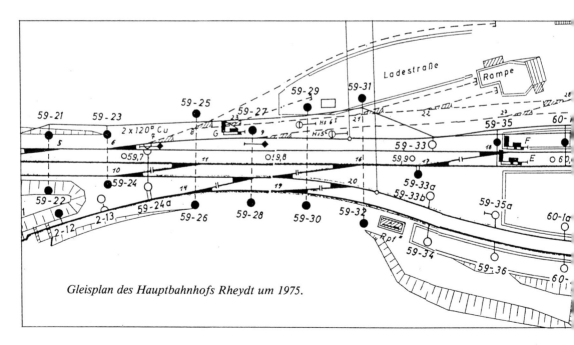

Gleisplan des Hauptbahnhofs Rheydt um 1975.

Das Empfangsgebäude des Hauptbahnhofs Rheydt in den 60er Jahren; im Vordergrund die Haltestelle der Straßenbahnlinien 1 und 2. Foto: Sammlung Herbert Marx

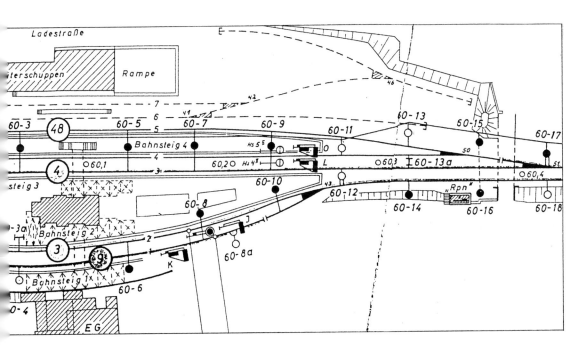

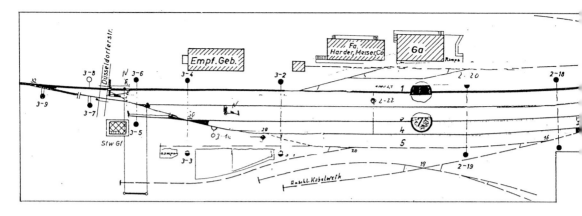

24 009 mit einem Sonderzug der DGEG am 8.6.1974 bei der Einfahrt in den Bahnhof Rheydt-Geneicken, der inzwischen stillgelegt worden ist.
Foto: Dr. Günther Barths

Das Empfangsgebäude von **Rheydt-Morr** wurde im Krieg ebenfalls beschädigt und Ende 1955 abgerissen. Die Bahnanlagen von Morr dienten wie vor dem Krieg als Güterwagen-Abstellbahnhof.

Auch das Empfangsgebäude des **Bahnhofs Mönchen-Gladbach-Speick** gibt es heute nicht mehr. In den 50er Jahren war in diesem Bahnhof vor allem Schrott verladen worden.

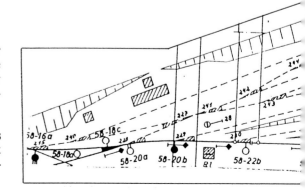

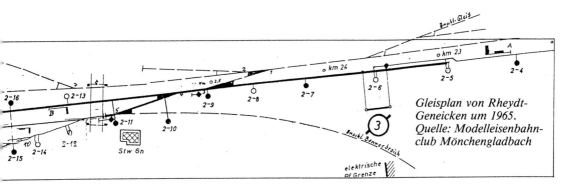

Gleisplan von Rheydt-Geneicken um 1965.
Quelle: Modelleisenbahn-club Mönchengladbach

Im Oktober 1978 begann der Abriß des Empfangsgebäudes des Rheydter Hauptbahnhofs.
Foto: Günter Krall

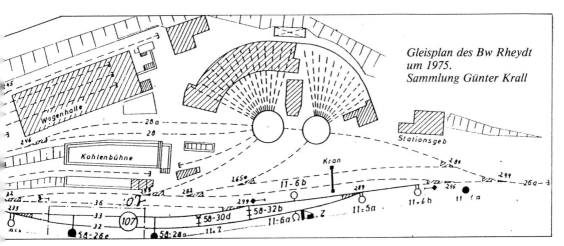

Gleisplan des Bw Rheydt um 1975.
Sammlung Günter Krall

Im Hauptbahnhof Mönchengladbach Anfang der 60er Jahre: Ölen der Gleitstühle einer Weiche und Blumenpflege.   *Fotos: Franz Grifka*

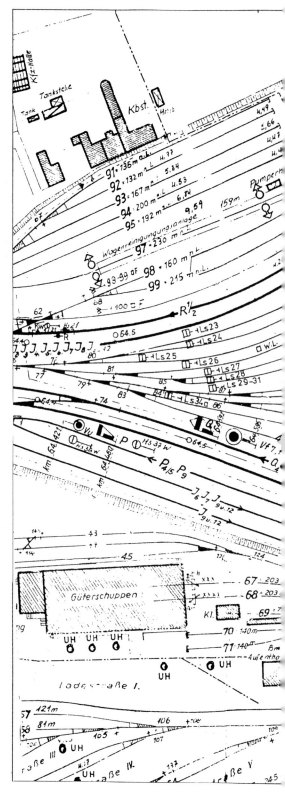

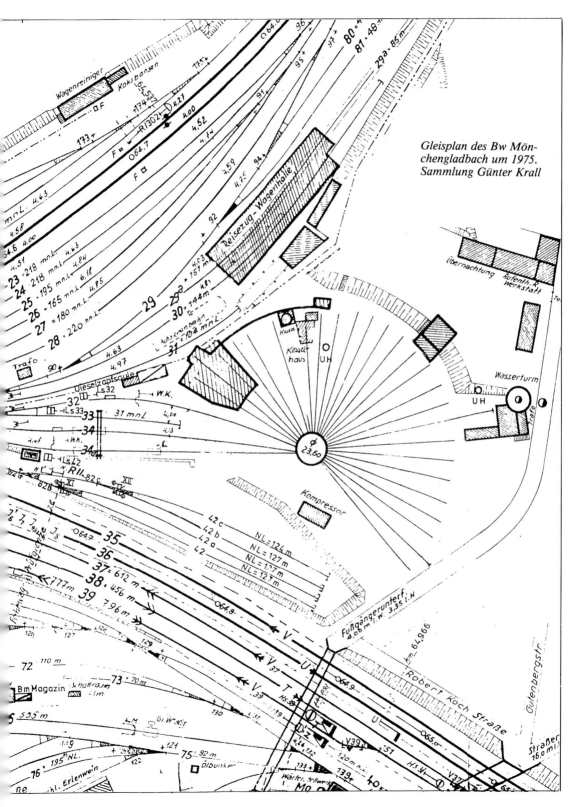

Gleisplan des Bw Mönchengladbach um 1975. Sammlung Günter Krall

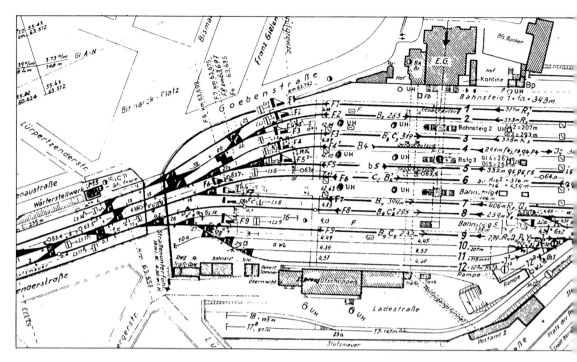

Gleisplan des Hauptbahnhofs Mönchengladbach um 1975.   Sammlung Günter Krall
Unten: Gleisbauarbeiten am südlichen Vorfeld des Hauptbahnhofs Mönchengladbach.
Foto: Sammlung Stadtarchiv

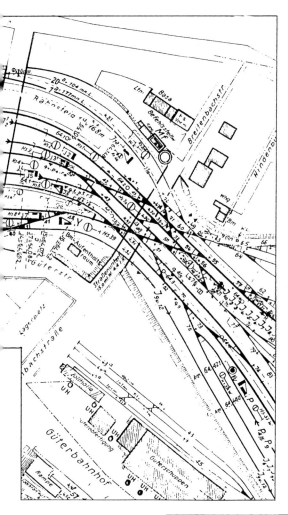

Im **Bahnbetriebswerk Rheydt** wurden die im Krieg stehengebliebenen Aufbauten des nördlichen Schuppens bis 1959 abgerissen. Seine Schuppengleise wurden kaum noch zum Abstellen von Lokomotiven genutzt. Um 1960 war nur noch der südliche Schuppen in Betrieb. Hier war ein dreiständiger Reparaturschuppen entstanden, die übrigen Schuppengleise hatten kein Dach mehr. Das dem Bw angegliederte Bahnbetriebswagenwerk erfuhr 1959 eine Erweiterung, um Aufgaben benachbarter Reparaturwerkstätten, die der Rationalisierung zum Opfer gefallen waren, übernehmen zu können.

Anläßlich der Wiedereröffnung der Strecke Rheydt Pbf – Odenkirchen wurde auch das beschädigte Empfangsgebäude des **Bahnhofs Odenkirchen** bis zum 15.12.1951 instandgesetzt. Unter Verzicht auf das Obergeschoß entstand das heute noch bestehende Gebäude.

Im **Bahnhof Mülfort** wurde bis Sommer 1952 ein massives Bahnsteighäuschen für den Fahrkartenverkauf errichtet. Obwohl der Güterumschlag erheblich zugenommen hatte, wurden im Jahr 1958 Forderungen laut, den Abschnitt Mülfort – Geneicken stillzulegen. Da die Industrie- und Handelskammer Mönchen-Gladbach dies entschieden ablehnte, wurden die Mülforter Stellwerke Ende der 50er Jahre modernisiert.

Personentunnel in Mönchengladbach Hbf um 1960.
Foto: Stadtarchiv

Empfangsgebäude des ehemaligen Bahnhofs Mönchengladbach-Neuwerk am 5.5.1996.
Unten: Das frühere Empfangsgebäude des Bahnhofs Herrath (hier am 20.5.1996) befindet sich seit 1992 in Privatbesitz.   *Fotos: Herbert Marx*

Auf dieser Aufnahme vom 21.7.1985 sind links das Gelände des ehemaligen Bahnhofs Rheydt-Morr und rechts der Hauptbahnhof Rheydt zu erkennen.
Foto: Vermessungsamt (Luftbildfreigabe Nr. 9/72077 durch Reg.-Präs. Stuttgart)

Die Strecke über Rheindahlen hatte zwar nach dem 2. Weltkrieg an Bedeutung eingebüßt, doch erfüllte der **Bahnhof Mönchen-Gladbach-Rheindahlen** durch den Gleisanschluß des Hauptquartiers der britischen Rheinarmee neue Aufgaben. Die DB sah 1954 den Abbau des zweiten Streckengleises vor, was nicht nur in den Gemeinden Wegberg, Arsbeck und Dalheim zu Protesten führte, auch in Belgien war man daran interessiert, die traditionelle Verbindung zu erhalten und wieder ein D-Zug-Paar Antwerpen – Mönchen-Gladbach verkehren zu lassen. Die DB erachtete jedoch ein Gleis für den Gesamtverkehr als ausreichend und baute bis Dezember 1958 zwischen Wegberg und Dalheim und bis September 1964 zwischen Rheydt Rbf und Wegberg ein Gleis ab.

Im **Bahnhof Wickrath** änderte sich nach dem Krieg nicht viel. Ein Abstellgleis am Güterschuppen wurde abgebaut, so daß der Bahnhof nur noch zwei Gleise hatte. Die Putzquaderimitation an der Außenfront des Empfangsgebäudes verschwand nach 1955 unter glattem Putz.

Zugführer und Zugschaffner des Loreley-Express in Mönchengladbach Hbf um 1960.
Unten: Zugführer Herbert Schulz vor einem Zug aus preußischen Abteilwagen in Mönchen-Gladbach Hbf (1959). *Fotos: Franz Grifka*

Herrath blieb vorerst Bahnhof. Vor allem in der Rübenzeit wurden die Gleise rege genutzt, wofür zwei Förderbänder bereitstanden.

Die Jülicher 74 827 in Mönchen-Gladbach Hbf mit einem Personenzug um 1959. Foto: Franz Grifka

Züge und Fahrzeuge der 50er Jahre

In den 50er Jahren liefen hochwertige Züge wie der Rheingold-, Loreley- und Austria-Express durch Mönchen-Gladbach. Die Dampfloks und Wagen stammten nicht nur aus der Länderbahn- und Reichsbahnzeit, auch Neubaufahrzeuge der noch jungen Deutschen Bundesbahn fuhren am Niederrhein.

Ab 1949 waren hier die FD 163/164 Hoek van Holland – Basel und die FD 254/255 Hoek van Holland – Köln mit Kurswagen nach Passau, Wien, Prag und Warschau zu sehen. 1951 wurden die FD 163/164 zwar zum „Rheingold" erhoben, doch mußte die DB sparen, da sie nicht über genügend Kohlevorräte verfügte. Dem Sparzwang fielen die D 161/162 Mönchen-Gladbach – Heidelberg, D 165/166 nach Wilhelmshaven, E 309/502 nach Hildesheim und der Theaterzug Jülich – Rheydt zum Opfer. Ab 20.5.1951 führte der „Rheingold" stahlblaue Schürzenwagen, als Speisewagen diente anfangs ein alter, restaurierter belgischer Wagen. Zwischen den Niederlanden und Köln beförderte eine von 14 Loks der Baureihe 41 des Bw Mönchen-Gladbach den Paradezug.

Zwischen Mönchen-Gladbach und Rheydt verkehrten die D 29/30 nach Aachen, D 197/198 nach Kassel (erstmals mit einer direkten DB-Kurswagenverbindung nach Berlin) sowie D 199/200 Aachen – Rheydt – Mönchen-Gladbach – Hamburg. Damals gab es erste Städteschnellverbindungen nach Köln, Neuss, Grevenbroich und Düren als „zuschlagfreie Eilzüge".

Der „Rheingold" war inzwischen ständig überfüllt. Da zudem die britische Rheinarmee einen Anschluß ihres Hauptquartiers an die Relation Hoek van Holland – Basel wünschte, legte die DB im Jahr 1952 einen zweiten Zug nach Basel (ohne Halt in Mönchen-Gladbach) ein, der nur die I. und II. Klasse anbot und „Rheinpfeil" hieß. Da der „Rheinpfeil" schneller als der traditionsreiche „Rheingold", war, wurden die Namen der beiden Züge ab 17.5.1953 getauscht, wonach der „Rheingold"

Die 01 209 mit Neubaukessel steht abfahrbereit in Mönchengladbach Hbf (1964).
Unten: Der Austria-Express verläßt den Hauptbahnhof (um 1960).   *Fotos: Franz Grifka*

*Übergabe des Bremszettels an den Lokführer der 23 034 im Hauptbahnhof (1964). Die Lok war von 1956 bis 1967 hier stationiert.					Foto: Franz Grifka*

Die neue Eisenbahnbrücke über die Rathenaustraße im Jahr 1964. Foto: Sammlung Stadtarchiv

nicht mehr in Mönchen-Gladbach hielt. Nach Protesten der IHK und des Niederrheinischen Verbandes für Verkehrsverbesserungen legte der inzwischen von der Baureihe 23 gezogene „Rheingold" ab 3.6.1956 wieder in Mönchen-Gladbach einen Zwischenhalt ein.

Ab 1958 liefen die neuen, 26,4 m langen Schnellzugwagen im „Rheingold". Die III. Klasse war inzwischen abgeschafft worden. Den Speisewagen stellte nun die Deutsche Schlafwagen- und Speisewagen-Gesellschaft (DSG). Ab 1962 lief der „Rheingold" nicht mehr über Mönchengladbach, sondern nach Elektrifizierung der Rheinstrecke über Emmerich auf der anderen Rheinseite.

Eine Standard-Personenzuglok war die Baureihe 38 des Bw Mönchen-Gladbach. Vor schweren Reisezügen hatte um 1949 die Baureihe 41 die 39er abgelöst. Als die neue Baureihe 23 ab 1954 in Mönchen-Gladbach Einzug hielt, kamen die 41er nach Köln-Eifeltor. Infolge der Elektrifizierung der Strecke Düsseldorf – Köln im Jahr 1959 kamen mehrere Maschinen der Baureihe 03 von Köln nach Mönchen-Gladbach und waren auch vor dem Austria-Express zu sehen. Bis 1955 wurden die Eilzüge nach Dortmund mit den wenigen 78ern bespannt. Die Baureihen 64 und 74 befuhren die Strecken nach Dalheim und über Odenkirchen nach Jülich. Den Rangierdienst besorgte die Baureihe 55. Im Jahr 1960 kamen die ersten Akku-Triebwagen (ETA 150) nach Mönchengladbach.

In Rheydt waren vor allem die Baureihen 50, 55 und 56 zu Hause. Die letzten 50er wurden 1959 an Hohenbudberg abgegeben. Zugleich kamen acht Schienenbusse der Baureihe VT 98 probeweise (von Krefeld-Oppum) nach Rheydt. Die Zeit der Baureihe 56 ging hier 1961 zu Ende, so daß neben einigen Kleinloks lediglich die 55er in Rheydt blieben.

Elektrifizierung und Strukturwandel

Erste Pläne, die niederrheinischen Bahnstrecken zu elektrifizieren, kamen bereits 1949 auf. Im Vordergrund standen dabei München-Gladbach – Aachen und München-Gladbach – Neuss – Düsseldorf, doch kam die Elektrifizierung hier erst Anfang der 60er Jahre in Gang. Noch vor Inbetriebnahme des Unterwerks am Bahnübergang am Külken (Strecke Wickrath – Herrath) im Jahr 1965 hatte der Fahrdraht von Krefeld und Düsseldorf kommend Mönchengladbach erreicht. Am 29.5.1964 wurde die elektrifizierte Strecke nach Krefeld in Betrieb genommen. Anläßlich der Elektrifizierung der Strecke nach Krefeld wurde am 29.9.1963 der Verkehr nach Neuwerk über die Güterumgehungsstrecke, welche auf ein Gleis zurückgebaut wurde, eingestellt.

Als die Elektrifizierung der Strecke nach Köln anstand, wurde erneut die Schließung des Abschnitts Mülfort – Geneicken gefordert, doch die DB stellte nur den Güterverkehr, der in Mülfort auf die Straßenbahn überging, am 30.4.1964 ein. Für den weiter rückläufigen Güterverkehr richtete sie eine Aufsetzanlage für Culemeyer-Straßenfahrzeuge ein.

Zur Vorbereitung auf elektrischen Betrieb erhielten Odenkirchen am 9.4.1965 eine neues Spurplanstellwerk und Geneicken Ausfahrsignale, so daß hier statt 65 nun 80 km/h erlaubt waren. Ein Problem war an einigen Bahnübergängen der Mülfort-Geneickener Strecke die Kreuzung mit der Obus-Fahrleitung. Die Obusse erhielten eine Stromabnehmerabzugsvorrichtung und einen Benzinmotor, so daß sie stromlos die Bahnübergänge passieren konnten.

Am 30.5.1965 verließ der E 529 Aachen – Braunschweig als letzter von einer Dampflok (03 1011) geführter Reisezug Mönchengladbach auf der seither mit E-Loks befahrenen Strecke nach Düsseldorf. Der elektrische Betrieb nach Aachen, Venlo und Köln wurde schließlich am 22.5.1968 aufgenommen. Am 27.5.1962 erhielten der Rheydter Personenbahnhof den Rang „Hauptbahnhof" und die Bahnhöfe Odenkirchen und Mülfort den Vorsatz „Rheydt-". Auf der Strecke Odenkirchen – Jülich ging der Verkehr in der Folgezeit zurück. Im Zusammenhang mit der Elektrifizierung wurden die Drehscheibe für die Odenkirchener Strecke in Mönchengladbach Hbf sowie die Drehscheibe zur Neuwerker Strecke abgebaut.

Zu Beginn der 60er Jahre tauchten in Mönchengladbach die Diesellokbaureihen V 100 und V 200 auf. Die V 100 liefen vorwiegend vor Personenzügen nach Aachen. Nach der Abgabe der 38er im Jahr 1959 nach Krefeld waren die Baureihen 03 und 23 die letzten Dampfloks in Mönchengladbach. Bis zur Elektrifizierung

Bei den Elektrifizierungsarbeiten in Mönchengladbach Hbf mußten die Arbeiter schwindelfrei sein (1964).
Foto: Franz Grifka

Die Dampflok 24 054 und ein Gelenktriebwagen der Linie 2 (auf der Fahrt nach Rheydt) der Mönchengladbacher Straßenbahn an der Viktoriastraße (5.8.1964). Foto: Dieter Höltge
Unten: Die 03 111 wurde symbolisch von der E 10 430 abgelöst. Am 22.5.1968 fand die Eröffnung des elektrischen Zugbetriebs zwischen Rheydt und Aachen, Köln sowie Venlo statt. Fotos: Dr. Günther Barths

50 009 bei der Ausfahrt aus Mönchengladbach Hbf (1964). Von 1948 bis 1959 war die Lok in Rheydt beheimatet und wurde dann nach Hohenbudberg abgegeben.   Foto: Franz Grifka

Am 19.6.1973 passierte die 051 435 (Bw Neuss) mit dem Güterzug 69904 (Neuss-Hessentor – Weisweiler) das Stellwerk Rpn in Rheydt Hbf.
Unten: Am 31.10.1975 waren 051 494, 051 789 und 051 565 (alle Bw Stolberg) nach Duisburg-Wedau zur Umbeheimatung unterwegs, hier in Rheydt Hbf. *Fotos: Günter Krall*

Am 27.8.1973 führte die 051 031 (Bw Neuss) den Dg 69904 von Neuss-Hessentor nach Weisweiler, hier zwischen Rheydt-Odenkirchen und Rheydt Hbf.   *Foto: Günter Krall*

verkehrten 23er nach Venlo und Köln, nach Aachen die Baureihe 03. Als 1967 die 23er hier abgezogen wurden, fuhren die 03er wieder häufiger nach Köln (zuletzt mit E 297/298). 1969 endete der 03-Einsatz in Mönchengladbach.

Nach der Elektrifizierung bestimmten die Baureihen E 10, E 40 und E 41 das Bild im Bw Mönchengladbach. Da die Drehscheibe ohne Fahrdraht blieb, mußten Kleinloks (Köf II und III) die E-Loks auf die Drehscheibe ziehen. Neben Dampf- und E-Loks standen hier die Triebwagen ETA 150 553-560 im Einsatz, vor allem auf der Strecke nach Dalheim, die aber auch von VT 95 anderer Bw befahren wurde.

Das Bw Rheydt erhielt am 21.3.1963 die letzten fünf der bei der DB verbliebenen Loks der Baureihe 24. Sie liefen im Güterverkehr nach Dalheim und waren auch in Mönchengladbach Hbf zu sehen. Die letzte 24er (24 067) wurde am 22.5.1966 abgestellt. Die 55er blieben bis 1969 Stammloks in Rheydt. Sie liefen vor allem im Rangierdienst und am Ablaufberg. 1963 versah eine Lok der Baureihe V 60 den Rangierdienst, bald folgten die ersten V 100 und nach dem Ende der Dampflokzeit die in Krefeld beheimatete V 90. Daneben hatte das Bw Rheydt im Lauf der Zeit zahlreiche Kleinloks.

Das Bahnbetriebswagenwerk (Bww) Rheydt unterhielt auch einen Triebwagen, der dem General der britischen Eisenbahnabteilung im NATO-Hauptquartier bei Mönchengladbach zur Verfügung stand und „Der General" hieß.

Im Fernverkehr liefen in den 60er Jahren zunehmend neue, 26,40 m lange Schnellzugwagen und im Nahverkehr die „Silberlinge". Namhafte Züge wie Rhein-, Austria- und Britannia-Express berührten die Hauptbahnhöfe von Mönchengladbach und Rheydt.

Seit der Eingliederung von Rheydt und Wickrath am 1.1.1975 in Mönchengladbach verfügt die Stadt über zwei Hauptbahnhöfe. Ebenfalls 1975 wurde das Bw Rheydt als Dienststelle geschlossen, wie es bereits Mitte der 60er Jahre absehbar war, als die DB dem Rangierbahnhof Aachen West eine größere Bedeutung gab. In Rheydt versahen nun zwei Dieselloks (BR 290) den Rangierdienst.

Neue Pläne zur Stillegung des Abschnitts Mülfort – Geneicken konnten in den 70er Jahren nochmals abgewendet werden. Baumaßnahmen gab es in Mönchengladbach Hbf, wo am 10.12.1977 der Bau des neuen Zentralstellwerks begann. Für den künftigen S-Bahnbetrieb wurden die Bahnsteige und die Gleise an der Ostseite erneuert und die Bahnsteighalle renoviert.

236 236 (Bw Wuppertal) mit einem Eisenbahndrehkran am Ablaufberg des Rangierbahnhofs Rheydt (19.5.1976).

Mönchengladbach Hbf am 17.3.1972; damals waren die BBy-Umbauwagen noch im Einsatz.

*104 021 (Bw Osnabrück) hat am 17.3.1972 einen Personenzug von Duisburg nach Mönchengladbach Hbf gebracht.
Fotos: Günter Krall*

141 412 vor einem Eilzug beim Verlassen des Hauptbahnhofs Rheydt in Richtung Aachen (1969).
Foto: Dr. G. Barths

Das aus dem Jahr 1852 stammende und zwischen den Bahnsteigen 2 und 3 befindliche Bahnhofsgebäude von Rheydt Hbf wurde im Oktober 1978 abgerissen und durch eine Bahnsteigüberdachung ersetzt. Zugleich wurden der Fußgängertunnel renoviert, der Außenanstrich des Bahnhofs erneuert und die Empfangshalle umgestaltet. Ein neues Industriegebiet in Wickrath bekam einen Gleisanschluß über Rheindahlen.

Ende der 70er Jahre wiesen niederländische, belgische und niederrheinische Wirtschaftskreise erneut auf die Bedeutung der Strecke Mönchengladbach – Dalheim – Roermond – Nerpelt und weiter nach Antwerpen als den „Eisernen Rhein" hin. Von Neuss bis Nerpelt beförderten Krefelder 215er Schnellgüterzüge des „Kombinierten Ladungsverkehrs". 1977-80 verkehrten zwischen Krefeld und Mönchengladbach Elektrotriebwagen der Baureihe 430.

Am 13./14.9.1980 wurde das Zentralstellwerk in Mönchengladbach Hbf als 1.500. Gleisbildstellwerk der DB in Betrieb genommen. Das Stellwerk am Bismarckplatz konnte nun abgerissen werden. Ebenfalls 1980 wurde Mönchengladbach in den Verkehrsverbund Rhein/Ruhr (VRR) einbezogen.

Bis 1982 liefen zwischen Krefeld und Neuwerk, wo am 22.5.1982 der Personenverkehr eingestellt wurde, Triebwagen der Baureihe 515. Danach kamen nur noch einzelne Schotterzüge (mit BR 212) bis zum Schotterplatz hinter dem Bahnhof Neuwerk hinunter.

In Wickrath ließ sich an der Kohlenstraße die Containerfirma Horn nieder und nutzte auch die alte Güterhalle. Die Fahrkartenausgabe im Wickrather Empfangsgebäude wurde geschlossen, in den ehemaligen Schalterräumen richtete sich zeitweise ein Mietwagenunternehmen ein. In Herrath war der Güterverkehr weiter zurückgegangen. Die Güteranlage wurde aufgegeben, die Gleisanlage abgebaut. Der Bahnhof Herrath wurde wieder zum Haltepunkt herabgestuft.

Im Sommerfahrplan 1979 war der Wochenendverkehr nach Jülich über Geneicken und Mülfort zum Erliegen gekommen. Bis zum 31.1.1985 verkehrte hier nur noch ein Alibi-Zugpaar, dann wurde der Zugverkehr eingestellt.

Im November 1986 wurde die Strecke Mülfort – Geneicken abgebaut. Die Trasse dient heute als Radwanderweg. Der Güterverkehr zu den Fabriken in der Breite Straße ist jedoch weiterhin möglich. Das Empfangsgebäude Geneicken übernahm inzwischen die Stadt. Im Frühjahr 1981 wurde das Bw Rheydt bis auf Lokleitung und Bekohlungsanlage abgerissen. Der Rangierbahnhof Rheydt wird heute kaum noch genutzt, während die Gütergleise am ehemaligen Bahnhof Rheydt-Morr bereits 1984 beseitigt worden sind.

Im Jahr 1984 wurde die Empfangshalle von Mönchengladbach Hbf umgestaltet. Am 29.5.1988 ging die Linie 8 der S-Bahn Rhein-Ruhr von Mönchengladbach nach Hagen über Düsseldorf und Wuppertal in Betrieb. Dabei entstand die S-Bahn-Haltestelle Mönchengladbach-Lürrip. Das ehemalige Empfangsgebäude von Herrath gehört seit 1992 einem Privatmann.

ET 430 118 am 14.11.1977 bei der Ausfahrt aus Mönchengladbach Hbf in Richtung Krefeld.
Foto: Dr. Günther Barths
Unten: Blick aus der Bahnsteighalle des Hauptbahnhofs Mönchengladbach nach der Elektrifizierung. Die Formsignale paßten nun nicht mehr so recht in die Zeit.
Foto: Sammlung Stadtarchiv

Am 12.5.1977 war die 103 004 vor einem Meßzug des BZA Minden im Rangierbahnhof Rheydt in Richtung Wickrath unterwegs. Foto: Günter Krall
Unten: Ein Gleisprüfzug am Stellwerk „Rpn" in Rheydt Hbf (3.5.1991). Foto: Dr. Günther Barths

Am 27.2.1990 fuhr die 141 449 mit einem Personenzug aus Aachen in den Rheydter Hauptbahnhof ein.
Unten: 111 188 als Wendezuglok mit einem Personenzug aus Köln. Fotos: Dr. Günther Barths

Deutsche Bahn AG

Seit dem 1.1.1994, als sich Deutsche Bundesbahn und Deutsche Reichsbahn zur Deutschen Bahn AG zusammenschlossen, hat es im Raum Mönchengladbach keine gravierenden Veränderungen im Eisenbahnbetrieb gegeben.

Die über Venlo fahrenden Schnellzüge halten nicht mehr in Rheydt Hbf. Auf der Strecke nach Dalheim wurden die Akkutriebwagen (BR 515) von Wendezügen abgelöst. Zunächst liefen hier Silberling-Steuerwagen und Loks der Baureihe 212, dann zwei neue grün-weiße Reisezugwagen mit Loks der BR 212 und seit dem 29.5.1996 Triebwagen der BR 628.

In Neuwerk wurden die Gleise vom Bahnhof zum Schotterplatz am Dünner Feldweg abgebaut, so daß der verbliebene Schotterzugverkehr zum Erliegen kam. In Rheydt gab die Rheydter Speditions-Gesellschaft (RSG) ihr Unternehmen auf. Neues Fuhrunternehmen am Güterschuppen Rheydt wurde die Rosenlandspedition. 1994 wurden die Gepäckabfertigungen in den beiden Hauptbahnhöfen geschlossen. Den Gepäcktransport übertrug man den Firmen PostGepäck und KurierGepäck.

Am 19.9.1994 fand in der Kaiser-Friedrich-Halle eine Verkehrskonferenz der Region Mittlerer Niederrhein statt, auf der es um den zwei- oder gar dreigleisigen Ausbau der Strecke nach Venlo sowie um die Verlängerung der S-Bahn bis Wickrath bzw. Rheydt ging. Das Bundesverkehrsministerium war jedoch zu keinen konkreten Zusagen bereit.

Das Empfangsgebäude des stillgelegten Bahnhofs Geneicken wird seit Anfang 1996 privat restauriert. Zwei Drittel des Gebäudes sollen für die Bürgernutzung zur Verfügung stehen, der Rest wird bewirtschaftet.

Die hervorzuhebenden Züge in Mönchengladbach sind heute die InterRegios. Im Jahresfahrplan 1995/96 fuhren u. a. folgende Züge ab Mönchengladbach Hbf: IR 2449 nach Cottbus, IR 2457 nach Chemnitz, IR 2458, 2644, 2646, 2648, 2744 und 2748 nach Aachen, IR 2643 nach Bad Harzburg, IR 2645 und 2647 nach Leipzig, IR 2649 nach Magdeburg sowie IR 2749 nach Hannover.

112 109 am 20.6.1995 vor dem EuroCity Venlo – Mönchengladbach – Köln beim Verlassen des Hauptbahnhofs.
Foto: Dr. Günther Barths

Die folgende Übersicht gibt einen Überblick über die heute in Mönchengladbach verkehrenden Lokomotiven.

Elektrolokomotiven

103	in alten TEE-Farben und Neurot vor den InterRegios und Schnellzügen Venlo – Mönchengladbach – Köln;
110	(auch mit „Bügelfalte") in alten TEE-Farben, Altblau, Beige-Blau und Neurot vor RegionalBahn- und Stadt-Express-Zügen von/nach Aachen, Köln, Krefeld und Düsseldorf;
111	im S-Bahn-Look auf der S 8 Mönchengladbach – Hagen und auf der SE-Linie Hagen – Mönchengladbach – Aachen;
140	in Altgrün, Beige-Blau und Neurot vor Güterzügen;
141	in Altgrün, Beige-Blau und Neurot vor RegionalBahn-Zügen;
143	in Altrot und Neurot vor Güterzügen und im S-Bahn-Look auf der S 8;
150/151	in Beige-Blau und Neurot vor schweren Güterzügen;
155	in Altrot vor Güterzügen.

Diesellokomotiven

212	in Beige-Blau und Rot-Weiß bis 29.5.1996 vor RegionalBahn-Zügen von/nach Dalheim;
215	in Neurot vor Güterzügen;
232	in Altrot vor Güterzügen;
290	in Beige-Blau und Rot-Weiß im Rangierdienst und vor leichten Güterzügen.

Triebwagen

420	im S-Bahn-Look auf der S 8;
628	in Grün-Weiß seit dem 29.5.1996 von/nach Dalheim.

Eine Diesellok der Baureihe 212 mit der RegionalBahn Mönchengladbach – Dalheim in MG-Rheindahlen (6.5.1996).

212 057 ebenfalls mit der RegionalBahn Mönchengladbach – Dalheim in Rheydt Hbf Gleis 4 (22.5.1996).
Fotos: Herbert Marx

290 344 mit einem kurzen Schotterzug im Vorfeld des Hauptbahnhofs auf der Fahrt in Richtung Rheydt (28.4.1996). *Foto: Dr. Günther Barths*
Unten: Einfahrt eines Regionalbahn-Zuges in den Mönchengladbacher Hauptbahnhof am 5.1.1997.
Foto: Marcus Mandelartz

Stationierungen

Bahnbetriebswerk Rheydt (Reichsbahn- und Bundesbahnbaureihen)

DRG/DB-Nr.	in Rheydt	–	Bemerkungen
24 015	21.3.1963	– 26.6.1963 z	von Kleve, a 15.11.1963
24 054	21.3.1963	– 13.5.1965 z	von Kleve, a 1.9.1965
24 064	21.3.1963	– 10.1.1964 z	von Kleve, a 1.7.1964
24 066	21.3.1963	– 10.1.1964 z	von Kleve, a 1.7.1964
24 067	21.3.1963	– 22.5.1966 z	von Kleve, a 19.8.1966
38 2965	2.11.1941	– 26.2.1942	von/nach M.G.
41 135	16.11.1945	– 29.1.1946	von M.G., nach Aachen West
50 009	(20.1.1948)	– 30.5.1959	von Engelsdorf (1939-), nach Hohenbudberg
50 179	(20.1.1948)	– (1950)	von ?, nach Gremberg (10.1957)
50 188	5.1954	– 8.1954	von/nach Hohenbudberg
50 209	(20.1.1948)	– 1.3.1948	von K-Eifeltor (11.1939-), nach Aachen West
50 385	31.12.1946	– 16.2.1951	von Troisdorf, nach Neuss
50 476	13.1.1940	– 21.11.1941	von Werk, nach Bromberg
50 477	16.1.1940	– 28.11.1941	von Werk, nach Deutsch-Eylau
50 478	22.1.1940	– ?	von Werk, nach Paderborn (6.1945)
50 479	26.1.1940	– ?	von Werk, nach RBD Danzig (1942)
50 480	29.1.1940	– 2.3.1942	von Werk, nach Hohenbudberg
50 640	10.12.1945	– 25.6.1953	von M.G., nach Mülheim-Styrum
50 687	6.5.1946	– 5.6.1954	von M.G., nach Gremberg
50 745	23.10.1943	– 24.3.1944	von Marienburg (Wpr.), nach Hohenbudberg ?
50 767	28.11.1943	– 25.10.1944	von Oppeln, nach M.G.
	10.12.1945	– 24.6.1951	von M.G., nach Freudenstadt
50 820	9.10.1948	– 4.6.1956	von Troisdorf, nach Gremberg
50 882	6.10.1947	– 7.5.1954	von Troisdorf, nach Gremberg
50 981	7.1.1947	– 30.11.1948	von Raw Schwerte, nach Neuss
	8.2.1949	– 30.5.1959	von Neuss, nach Hohenbudberg
50 1053	21.5.1953	– 8.8.1954	von K-Eifeltor, nach Düren
50 1097	9.7.1950	– 5.10.1950 z	von ED Hannover (1.1946-), a 4.12.1961

24 064 beim Rangieren in Mönchengladbach Hbf um 1964. Die Baureihe 24 war von 1963 bis 1966 in Rheydt stationiert. *Foto: Franz Grifka*

Ab 1968 ersetzten Dieselloks die Dampflokomotiven im Bw Rheydt, hier 290 164, 167 und 165, die aus Krefeld hierher kamen. *Foto: Dr. Günther Barths*

Lok	von	bis	Bemerkung
50 1098	8.9.1950	– 1.6.1951 z	von SNCB (-1946), a 4.12.1961
50 1183	(20.1.1948)	– 24.10.1950 z	von RBD Stuttgart (1942-), a 4.12.1961
50 1252	29.1.1946	– 10.1955	von Düren, nach BO-Dahlhausen (z)
50 1288	18.1.1946	– 20.11.1949	von Troisdorf, nach Neu-Ulm
50 1424	1944	– 30.5.1959	von Monzen (8.1944), nach Hohenbudberg
50 1431	22.7.1943	– 24.7.1944	von Malkinia, nach Dortmunderfeld ?
50 1439	9.10.1948	– 14.12.1949	von/nach Gremberg
50 1546	2.4.1952	– 26.5.1952	von Aachen West, nach Euskirchen
50 1586	23.8.1943	– 24.5.1944	von M.G., nach NS als 4802
50 1864	16.11.1945	– 12.10.1947	von Koblenz-Lützel, nach Troisdorf
50 1892	(20.1.1948)	– (1950)	von ?, nach Hohenbudberg (31.12.1958)
50 1894	(20.1.1948)	– (1950)	von ?, nach Gronau (4.1955)
50 2043	(1950)	– ?	von Troisdorf (20.1.1948), nach SNCB ab 1951
50 2104	(1950)	– ?	von ?, nach SNCB ab 1951 (z-Lok)
50 2164	(20.1.1948)	– ?	von RBD Essen (1943-), nach Neuss (1950)
50 2297	17.7.1947	– 13.12.1950	von Hohenbudberg (5.1942-), nach Gremberg
50 2331	16.1.1952	– 3.6.1956	von Hohenbudberg, nach Gremberg
50 2369	23.8.1943	– 8.5.1944	von M.G., nach Bingerbrück
50 2380	7.1945	– 30.11.1946	von K-Nippes, nach Münster
50 2428	22.5.1953	– 2.4.1954	von K-Eifeltor, nach Gremberg
50 2432	2.1946	– 6.1956	von Hohenbudberg, nach Gremberg
50 2514	21.1.1954	– 30.5.1959	von K-Kalk Nord, nach Hohenbudberg
50 2656	(20.1.1948)	– 3.5.1959	von Oebisfelde (10.1944), nach Coesfeld
50 2693	17.12.1945	– 3.5.1950	von Aachen West, nach Neuss
	30.4.1953	– 21.5.1953	von/nach Neuss
	19.12.1953	– 30.5.1959	von Neuss, nach Hohenbudberg
50 2704	2.4.1952	– 24.9.1954	von Aachen West, nach M.G.
50 2719	9.1.1948	– 27.6.1949	von Neuss, nach Hameln
50 2750	4.2.1954	– 3.6.1956	von K-Eifeltor, nach Gremberg
50 2778	30.4.1946	– 14.9.1946	von M.G., nach Euskirchen
50 2821	3.2.1950	– 3.6.1954	von Seelze, nach Gremberg
50 2855	14.3.1949	– 15.2.1956	von Lichtenfels, nach M.G.
50 2857	10.2.1954	– 11.2.1954	von/nach Neuss
	26.3.1954	– 25.5.1954	von/nach Neuss

50 2859	5.4.1954	– 25.5.1954	von K-Kalk Nord, nach Gremberg
50 2878	(20.1.1948)	– ?	von Cottbus (8.1942-), nach Braunschweig (1.1950-)
50 2894	(20.1.1948)	– ?	von Insterburg (1943-), nach Osnabrück (1950)
50 2943	(12.1953)	– (31.12.1958)	von Hohenbudberg (z 10.5.1951), nach Hohenbudberg (31.12.1962)
50 2998	(20.1.1948)	– (1950)	von Amstetten (9.1942-), nach Hagen-Eckesey (8.1955)
50 3053	27.10.1950	– 16.7.1951	von K-Nippes, nach Düren
	19.1.1951	– 29.12.1955	von Düren, nach D-Derendorf
50 3054	26.2.1950	– 29.6.1952	von K-Nippes, nach K-Eifeltor
50 3106	9.1.1948	– 27.6.1948	von Neuss, nach Jülich
50 3153	19.11.1950	– 20.7.1952	von Gremberg, nach OB-Osterfeld
55 576	1928	– 4.1939	von ?, nach Nürnberg Rbf
55 577	10.11.1928	– 8.5.1931	von Raw Dortmund, nach Jülich
	29.5.1928	– 5.4.1939	von Jülich, nach Nürnberg Rbf
55 610	3.9.1928	– 25.3.1929	von Neuss, nach Jülich
	26.6.1929	– 1.1.1939	von Jülich, nach Koblenz-Lützel
55 1838	(5.1938)	– ?	von ?, nach ?
55 1839	(5.1938)	– ?	von ?, nach ?
55 1840	?	– (7.7.1933)	von ?, nach ?
55 1882	(5.1938)	– ?	von ?, nach ?
55 2243	?	– (vor 1926)	von ?, nach Hohenbudberg (1926)
55 2375	(1923)	– ?	von ?, nach ?
55 2581	14.6.1960	– 19.7.1968 z	von K-Eifeltor, a 2.10.1968
55 2594	1950	– ?	von SNCB, nach ?
	15.2.1952	– 1.7.1956	von ?, nach M.G.
	10.10.1956	– 5.11.1967	von M.G., nach Gremberg
55 2643	(20.1.1948)	– 2.1952	von ?, nach K-Eifeltor
55 2775	13.3.1962	– 2.1.1968	von Nordenham, nach Hohenbudberg
55 2798	14.6.1960	– 16.3.1969	von K-Eifeltor, a 10.7.1969
55 2819	(21.3.1958)	– 26.10.1962 z	von M.G. (1950), a 12.1.1963
55 2899	23.1.1954	– 10.1965 z	von M.G., a 11.5.1966
55 3029	5.11.1964	– 13.10.1966 z	von Hohenbudberg, a 19.1.1967
55 3143	13.11.1963	– 1.10.1967 z	von Hildesheim, a 12.3.1968
55 3149	17.8.1956	– 10.10.1956	von Jülich, nach M.G.
	28.5.1961	– 26.3.1968 z	von M.G., a 2.10.1968
55 3179	2.11.1961	– 27.2.1963 z	von Gremberg, a 14.10.1963
55 3394	26.4.1946	– 23.6.1964 z	von Jülich, a 30.10.1964
55 3430	19.10.1939	– 15.5.1941	von M.G., nach Neu Benschen
55 3434	5.1961	– 15.9.1963 z	von M.G., a 17.1.1964
55 3538	28.4.1961	– 15.5.1969	von M.G., nach Aachen West
55 3555	14.6.1960	– 27.3.1963	von K-Eifeltor, nach Hohenbudberg
55 3635	31.3.1944	– 5.7.1947	von K-Nippes, nach Jülich
55 3857	(Sommer 1938)	– ?	von ?, nach ?
55 3874	6.6.1941	– 15.7.1941	von Neuss, nach Minsk
	30.10.1941	– 1.11.1942	von Minsk/nach Osteinsatz
55 3964	10.11.1961	– 27.3.1963	von Hamm, nach Hohenbudberg
	20.1.1964	– 1.7.1967 z	von Hohenbudberg, a 12.3.1968
55 4175	28.4.1961	– 23.2.1968 z	von M.G., a 21.6.1968
55 4579	21.5.1960	– 31.3.1969	von Aachen West, nach Hohenbudberg
55 4647	4.8.1960	– 5.1.1969	von/nach Aachen West
55 4670	25.4.1961	– 22.10.1963	von/nach Hohenbudberg
55 4693	15.2.1949	– 31.1.1955	von D-Derendorf, nach M.G.
	21.10.1955	– 21.7.1968	von M.G., nach Aachen West
55 4769	8.11.1961	– 13.11.1963	von Hamm, nach Hohenbudberg
55 4856	30.8.1960	– 23.10.1960	von/nach Hohenbudberg
	23.4.1961	– 27.2.1968 z	von Hohenbudberg, a 21.6.1968
55 4870	(20.1.1948)	– 8.6.1961 z	von ?, a 2.11.1961
55 4898	12.12.1960	– 22.4.1961	von/nach Dortmund Vbf
55 4925	27.8.1939	– 20.8.1941	von Düren, nach Grodno
55 4942	26.8.1939	– 2.5.1941	von Stolberg, nach Darmstadt
55 4953	15.5.1960	– 1.6.1968 z	von K-Eifeltor, a 3.3.1969
55 4965	13.1.1949	– 15.12.1954	von RBD Wuppertal, nach Jülich
55 5126	28.1.1949	– 1.8.1966 z	von D-Derendorf, a 27.9.1966
55 5332	(20.1.1948)	– ?	von Hagen Gbf (-23.8.1947), nach ?
	21.10.1949	– 6.6.1956	von ?, nach Gremberg
56 665	(9/1940)	– ?	von ?, nach ?
56 685	10.10.1941	– 16.11.1941	von Jülich, nach Osteinsatz
	14.4.1943	– 8.3.1944	von Osteinsatz, nach Darmstadt-Kranichstein
56 690	(9/1940)	– ?	von ?, nach Osteinsatz (-10.9.1943)
56 691	(9/1940)	– ?	von ?, nach Osteinsatz

56 692	12.9.1941	– 8.1.1942	von Jülich, nach Osteinsatz
56 693	(9/1940)	– ?	von ?, nach ?
56 2021	10.12.1949	– z	von Gelsenkirchen Hbf, a 18.10.1954
56 2031	(1957)	– 2.9.1961 z	von Troisdorf (1950), a 26.4.1962
56 2051	15.2.1951	– 31.3.1953 z	von Bonn, a 18.10.1954
56 2062	(21.3.1958)	– 22.10.1959 z	von ?, a 30.9.1960
56 2065	27.5.1928	– 5.7.1928	von Raw Schwerte, nach Troisdorf
56 2067	?	– ?	von Troisdorf (1950), a 18.10.1954
56 2072	3.6.1956	– 16.9.1961	von Troisdorf, nach M.G.
56 2074	14.8.1928	– 21.4.1934	von ?, nach Koblenz-Mosel
56 2079	(7.7.1933)	– ?	von ?, nach Koblenz-Lützel (5.1938)
56 2080	13.9.1927	– 14.4.1934	von Raw Schwerte, nach Koblenz-Lützel
56 2085	(21.3.1958)	– 18.9.1959 z	von Bonn (1950), a 30.9.1960
56 2089	6.1.1927	– 30.10.1932	von ?, nach Gremberg
56 2090	(1933)	– (1934)	von ?, nach Osnabrück Hbf ?
56 2095	(21.3.1958)	– 8.12.1959 z	von Troisdorf (1950), a 30.9.1960
56 2097	(21.3.1958)	– 31.5.1961 z	von Troisdorf (1950), a 26.4.1962
56 2103	16.12.1950	– 22.8.1954 z	von Troisdorf, a 18.10.1954
56 2104	9.9.1950	– 16.2.1954 z	von Troisdorf, a 18.10.1954
56 2108	20.1.1951	– 10.2.1954	von Troisdorf, nach Kleve
	5.3.1954	– 21.3.1954	von Kleve, nach Troisdorf
	22.7.1955	– 20.9.1959	von Troisdorf, nach Hohenbudberg
56 2109	21.9.1928	– 16.4.1934	von Raw Schwerte, nach Koblenz-Lützel
56 2113	29.1.1927	– 17.4.1934	von Raw Schwerte, nach Koblenz-Lützel
56 2118	10.6.1954	– 27.5.1955 z	von Bonn, a 26.1.1959
56 2119	24.1.1927	– 12.4.1934	von ?, nach Koblenz-Lützel
56 2120	24.4.1927	– 21.3.1934	von ?, nach Koblenz-Lützel
56 2121	27.3.1927	– 7.1.1934	von Raw Schwerte, nach Koblenz-Lützel
56 2124	(21.3.1958)	– 29.7.1960	von Neuss ?, a 2.11.1961
56 2131	3.10.1950	– 1.1.1952 z	von DU-Ruhrort Hafen, a 18.10.1954
56 2140	9.10.1959	– 9.7.1961 z	von Uelzen, a 26.4.1962
56 2141	18.8.1953	– 25.5.1960 z	von Linz a Rhein, a 2.11.1961
56 2184	6.3.1952	– 5.2.1954 z	von Bonn, a 18.10.1954
56 2211	10.12.1949	– (1950)	von GE-Bismarck, nach ? a 18.10.1954
56 2213	21.12.1949	– (1950)	von Duisburg Hbf, nach DU-Ruhrort Hafen (16.8.1956-)
56 2215	2.5.1950	– z	von Gelsenkirchen Hbf, a 18.10.1954
56 2262	22.6.1927	– 19.4.1934	von Raw Schwerte, nach Koblenz-Lützel
56 2303	26.5.1956	– 15.2.1961 z	von Troisdorf, a 2.11.1961
56 2304	25.8.1927	– 18.2.1929	von ?, nach Gremberg
	16.3.1929	– 4.3.1934	von Gremberg, nach Koblenz-Lützel
56 2320	(21.3.1958)	– 30.9.1959 z	von Bonn (1.1950), a 30.9.1960
56 2350	(21.3.1958)	– 1.2.1960 z	von Kleve (1959?), a 30.9.1960
56 2398	3.6.1956	– 20.9.1959	von Troisdorf, nach Hohenbudberg
56 2409	15.2.1950	– z	von Troisdorf, a 18.10.1954
56 2413	17.2.1950	– 22.9.1951 z	von Dortmund Vbf, a 18.10.1954
56 2433	(21.3.1958)	– 25.5.1960 z	von Troisdorf (1950), a 2.11.1961
56 2435	9.10.1959	– 31.5.1961 z	von Uelzen, a 2.11.1961
56 2448	(193?)	– ?	von ?, nach Troisdorf (1938)
56 2452	(21.3.1958)	– 23.6.1961 z	von Uelzen, a 26.4.1962
56 2459	(1933)	– (1934)	von ?, nach ?
56 2460	26.2.1929	– 20.4.1934	von ?, nach Koblenz-Lützel
56 2621	28.12.1949	– 25.5.1960 z	von GE-Bismarck, a 2.11.1961
56 2623	(1950)	– ?	von ?, nach Gronau (+7.8.1959)
56 2627	(21.3.1958)	– 11.7.1959 z	von Troisdorf (1950), a 30.9.1960
56 2633	10.12.1949	– 9.9.1959 z	von Gelsenkirchen Hbf, a 30.9.1960
56 2670	?	– vor 1929	von ?, nach Bremen Rbf
56 2671	23.12.1949	– 12.11.1959 z	von Neuss, nach GE Hbf, a 30.9.1960
56 2717	9.10.1959	– 6.7.1961 z	von Uelzen, a 12.7.1962
56 2725	21.12.1949	– z	von DU-Ruhrort Hbf, a 14.11.1951
56 2740	6.9.1952	– 1.4.1954 z	von Kleve, a 18.10.1954
56 2765	9.6.1960	– 28.2.1961 z	von Uelzen, a 2.11.1961
56 2844	?	– z	von H-Linden (31.12.1958), a 2.11.1961
56 2860	24.5.1954	– 15.8.1956	von Bonn, nach Oberhausen West
56 2861	(21.3.1958)	– 21.6.1960 z	von Troisdorf (3.1956), a 2.11.1961
56 2863	1.11.1959	– 15.7.1962 z	von Uelzen, a 20.10.1962
56 2876	13.11.1954	– 4.8.1955	von Bonn, nach Kleve
56 2881	3.6.1956	– 30.11.1957	von Troisdorf, nach M.G.
	6.8.1958	– 23.3.1959	von M.G., nach Hohenbudberg (z)

57 1127	15.9.1937	– 13.3.1938	von Paderborn, nach Warburg
	13.4.1938	– 26.8.1939	von Warburg, nach Augsburg
57 1134	25.4.1934	– 16.1.1940	von Koblenz-Lützel, nach HH-Eidelstedt
57 1178	(1930)	– ?	von ?, nach ?
57 1220	(15.5.1938)	– ?	von Aachen West (1920), nach Amstetten (12.1940)
57 1223	1913	– ?	von Werk, nach HH-Rothenburgsort
57 1286	13.4.1934	– 26.8.1939	von Koblenz-Lützel, nach Augsburg
57 1287	15.4.1934	– 13.4.1937	von Koblenz-Lützel, nach Paderborn
57 1289	(9/1939)	– ?	von ?, nach Bad Schandau (10.1943)
57 1485	23.8.1934	– 28.8.1934	von/nach Jülich
57 2084	13.4.1934	– 26.8.1939	von Koblenz-Lützel, nach Augsburg
58 1077	(1936)	– ?	von ?, nach BDZ (1.1943)
58 1078	(1942)	– ?	von Hohenbudberg (1939), nach BDZ (1943)
74 585	16.12.1942	– 10.6.1944	von Neuss, nach Dortmund Vbf (7.1945)
91 1683	1940	– 1940	von Plattling, nach Braunschweig Hbf
92 514	17.2.1959	– 20.6.1959 z	von Minden, a 28.10.1959
92 526	(Mitte 1925)	– ?	von ?, nach ?
92 541	1952	– 17.2.1958 z	von Kleve, a 28.10.1959
92 827	30.4.1954	– 1957	von M.G., nach Aachen Hbf
92 829	(Mitte 1925)	– ?	von ?, nach ?
92 890	23.1.1946	– 18.5.1946	von Krefeld, nach M.G.
94 504	1.5.1925	– 21.2.1929	von ?, nach Troisdorf
	30.4.1929	– 15.1.1942	von Horrem Lokbf, nach Gremberg
94 585	30.4.1942	– 6.7.1944	von Bergheim (Erft), nach Dortmund Vbf
94 587	8.11.1941	– 31.12.1944	von Stolberg, nach Aachen Hbf ?
94 1356	28.4.1928	– 1.6.1930	von Raw Trier, nach Brügge (Westfalen)
94 1357	(15.5.1938)	– (1944)	von ?, nach Herne (10.1945-)
94 1358	27.2.1926	– 2.11.1944	von Raw Trier, nach Dortmunderfeld
94 1359	1.12.1925	– 4.10.1930	von ?, nach Bergheim (Erft)
	10.1.1931	– 17.1.1946	von Bergheim (Erft), nach GE-Bismarck
94 1360	4.4.1928	– 21.1.1946	von ?, nach Hohenbudberg
94 1361	14.9.1928	– 2.11.1944	von ?, nach Aachen Hbf ?
V 22 008	(1950)	– ?	von ?, z-Lok
V 22 100	(1950)	– 1951	von Vegesack, nach Aw Opladen (Werklok)
V 36 124	19.8.1948	– 11.7.1949	von/nach W-Steinbeck
V 36 208	26.3.1956	– 26.10.1956	von/nach W-Steinbeck
VT 36 3628	1954	– 31.5.1975	von Oeynhausen, nach M.G. (636 801-3, „Der General")
VT 98 9772	31.3.1960	– 10.1.1961	von Werk, nach Bestwig
VT 98 9773	12.4.1960	– 12.1.1961	von Werk, nach Oldenburg
VT 98 9774	6.4.1960	– 12.1.1961	von Werk, nach Oldenburg
VT 98 9775	21.4.1960	– 12.1.1961	von Werk, nach Oldenburg Hbf
VT 98 9776	21.4.1960	– 15.1.1961	von Werk, nach Husum
VT 98 9777	29.4.1960	– 3.3.1961	von Werk, nach Husum
VT 98 9778	29.4.1960	– 3.2.1961	von Werk, nach Husum
VT 98 9779	6.5.1960	– 3.3.1961	von Werk, nach Husum

Das Bw Rheydt verfügte ab 1958 über die beiden Kleinstdieselloks Kdl 01-06 und 01-08. Foto: Dr. G. Barths (1967)

Die 323 122 am 11.9.1993 im Bw Mönchengladbach. Die Kleinloks (Kö und Köf) waren anfangs in Rheydt und erst ab 1975 in Mönchengladbach beheimatet. Foto: Dr. Günther Barths

Kö 0268	25.11.1950	– 4.8.1951	von Bonn ?, nach Kleve
	20.5.1960	– 20.6.1963	von Kleve, nach Gremberg
	13.6.1965	– 31.5.1975	von Krefeld, nach M'gladbach (311 268-7)
Kö 0281	21.1.1961	– 31.5.1975	von Oldenburg Hbf, nach M.G. (311 281-1)
Kö 4685	1.4.1937	– ?	von Werk, nach Euskirchen ?
Köf 4676	5.12.1952	– 26.2.1953	von/nach Troisdorf
Köf 4678	30.10.1948	– 30.4.1951	von Aw Opladen, nach Kleve
	1.8.1951	– 9.9.1951	von Kleve, nach Troisdorf
	24.3.1960	– 31.5.1975	von Gremberg, nach M'gladbach (324 006-6)
Köf 4915	22.5.1951	– 14.5.1952	von Troisdorf, nach Stolberg
	11.6.1952	– 2.2.1954	von/nach Stolberg
	27.3.1956	– 31.5.1975	von Aachen West, nach M.G. (323 448-1)
Köf 4975	18.3.1950	– 25.7.1950	von/nach Euskirchen
Köf 5224	10.12.1949	– 28.7.1965	von Husum, nach Krefeld
	11.2.1966	– 31.5.1975	von Krefeld, nach M'gladbach (324 029-8)
Köf 5282	14.3.1973	– 31.5.1975	von K-Nippes, nach M'gladbach (322 022-5)
Köf 5285	30.10.1947	– 31.5.1975	von Troisdorf, nach M'gladbach (324 016-5)
Köf 5286	14.12.1948	– 8.1.1949	von Raw Opladen, nach Kleve
Köf 6121	9.11.1951	– 31.5.1975	von Werk, nach M'gladbach (322 035-7)
Köf 6134	23.7.1973	– 13.8.1973	von/nach K-Nippes (323 483-8)
Köf 6153	27.12.1954	– 11.5.1955	von Krefeld, nach Stolberg
Köf 6160	16.3.1961	– 24.5.1973	von Kleve, nach K-Nippes (323 491-1)
Köf 6196	20.9.1963	– 29.10.1963	von/nach Euskirchen
Köf 6306	19.3.1960	– 11.4.1960	von Neuss, nach Kleve
Köf 6322	23.3.1960	– 31.5.1975	von Neuss, nach M'gladbach (323 634-6)
Köf 6374	8.12.1962	– 22.1.1963	von/nach Euskirchen
	2.7.1966	– 31.8.1966	von K-Nippes, nach Düren
Köf 6375	26.5.1963	– 31.5.1975	von Krefeld, nach M'gladbach (323 105-7)
Köf 6421	21.11.1966	– 31.5.1975	von K-Nippes, nach M.G. (323 134-7)
Köf 6422	6.7.1965	– 1.5.1975	von Euskirchen, nach M'gladbach (323 135-4)
Köf 6423	15.1.1963	– 20.2.1963	von/nach Euskirchen
Köf 6686	24.9.1960	– 30.4.1961	von Werk, nach Krefeld
Köf 6793	1.10.1960	– 15.3.1961	von Werk, nach Kleve

Bahnbetriebswerk München- bzw. Mönchengladbach (Reichsbahn- und Bundesbahnbaureihen)

DRG/DB-Nr.	in M'gladbach	–	Bemerkungen
03 055	12.6.1959	– 21.6.1961	von Köln-Deutzerfeld, nach Hamburg-Altona
	20.9.1961	– 17.2.1963	von Köln-Deutzerfeld, nach Hamburg-Altona
03 072	28.6.1959	– 15.6.1969	von Köln Bbf, nach Ulm
03 074	31.5.1959	– 31.5.1964	von Köln-Deutzerfeld, ausgemustert 22.11.1966
03 077	31.5.1959	– 31.5.1964	von/nach Köln-Deutzerfeld
	25.9.1965	– 25.5.1968	von Köln-Deutzerfeld, nach Gremberg
03 079	28.5.1959	– 10.11.1964 z	von Köln Bbf, ausgemustert 10.3.1965
03 087	11.6.1965	– 10.4.1969 z	von Köln-Deutzerfeld, ausgemustert 10.7.1969
03 094	31.5.1959	– 31.5.1964	von/nach Köln-Deutzerfeld
	25.9.1965	– 1.8.1967 z	von Köln-Deutzerfeld, ausgemustert 12.3.1968
03 102	19.9.1940	– (1943/44)	von Köln-Deutzerfeld, nach RBD Berlin
03 103	1.12.1940	– (1943)	von Köln-Deutzerfeld, nach Ludwigshafen
03 104	Herbst 1940	– 1943/44	von Köln-Deutzerfeld, nach Saarbrücken Hbf
03 107	3.6.1959	– 3.8.1967 z	von Köln-Deutzerfeld, ausgemustert 12.3.1968
03 111	21.3.1960	– 19.11.1969	von Köln-Deutzerfeld, nach Gremberg
03 122	26.5.1965	– 11.2.1966 z	von Braunschweig, ausgemustert 20.6.1966
03 127	9.1.1968	– 1.12.1968 z	von Bremen Hbf, ausgemustert 3.3.1969
03 134	5.8.1965	– 6.3.1968 z	von Bremen Hbf, ausgemustert 21.6.1968
03 164	8.6.1967	– 1.2.1968 z	von Braunschweig, ausgemustert 21.6.1968
03 169	30.9.1965	– 6.5.1968 z	von Rheine, ausgemustert 2.10.1968
03 179	28.9.1966	– 31.10.1969	von Köln-Deutzerfeld, nach Neuss
03 220	26.9.1966	– 8.9.1969	von Köln-Deutzerfeld, nach Gremberg
03 221	26.9.1966	– 6.1.1968 z	von Köln-Deutzerfeld, ausgemustert 21.6.1968
03 248	26.9.1966	– 15.6.1969	von Köln-Deutzerfeld, nach Ulm
03 251	26.9.1966	– 14.11.1969	von Köln-Deutzerfeld, nach Ulm
03 252	26.9.1966	– 9.7.1969	von Köln-Deutzerfeld, nach Hamburg-Altona
03 260	8.6.1967	– 25.5.1968	von Braunschweig, nach Gremberg
03 268	26.9.1966	– 25.5.1968	von Köln-Deutzerfeld, nach Gremberg

Die 03 284 war nur fünf Monate lang in Mönchengladbach beheimatet. Als sie im Mai 1968 in den Kölner Hauptbahnhof einfuhr, stand ihre Rückkehr nach Hamburg-Altona bevor.   *Foto: Bernd Schwarz*

03 276	26.9.1966	– 27.5.1968	von Köln-Deutzerfeld, nach Gremberg
03 284	10.1.1968	– 31.5.1968	von/nach Hamburg-Altona
17 281	(um 1932)	– ?	von ?, nach ?
17 290	(um 1932)	– ?	von ?, nach ?
23 023	19.7.1955	– 23.7.1955	von Mainz, nach Paderborn
23 033	10.10.1956	– 18.5.1967	von Paderborn, nach Saarbrücken Hbf
23 034	12.10.1956	– 18.5.1967	von Paderborn, nach Saarbrücken Hbf
23 035	9.10.1954	– 6.12.1966	von Werk, nach Crailsheim
23 036	14.10.1954	– 20.3.1967	von Werk, nach Saarbrücken Hbf
23 037	29.10.1954	– 24.9.1961	von Werk, nach Oldenburg Hbf
	16.11.1961	– 13.7.1967	von Oldenburg Hbf, nach Saarbrücken Hbf
23 038	7.11.1954	– 15.2.1967	von Werk, nach Saarbrücken Hbf
23 039	20.11.1954	– 31.5.1967	von Werk, nach Crailsheim
23 040	1.12.1954	– 2.5.1966	von Werk, nach Saarbrücken Hbf
23 041	10.12.1954	– 31.5.1967	von Werk, nach Crailsheim
23 042	21.12.1954	– 23.9.1965	von Werk, nach Bestwig
23 043	24.7.1955	– 23.9.1965	von Paderborn, nach Bestwig
23 048	8.7.1965	– 4.8.1965	von Osnabrück Rbf, nach Bestwig
23 049	9.7.1965	– 4.8.1965	von Osnabrück Rbf, nach Bestwig
23 091	10.6.1965	– 3.7.1965	von Krefeld, nach Osnabrück Rbf
23 092	10.6.1965	– 3.7.1965	von Krefeld, nach Osnabrück Rbf
38 1081	(1917)	– z	a um 1931
38 1099	(1919)	– z	von Köln-Gereon, ausgemustert um 1928
38 1251	(1.1945)	– (6.1953)	von Düren, nach Bonn
38 1298	8.1.1931	– 30.4.1943	von ?, nach ?
38 1299	(1931)	– (1936)	von ?, nach ?
38 1354	(11.1948)	– (5.1953)	von ?, nach Würzburg
38 1401	(1930)	– (1942)	von ?, nach ?
38 1402	24.3.1925	– 2.6.1936	von Opladen, nach Köln-Deutzerfeld
38 1403	5.10.1929	– 2.10.1931	von Köln Bbf, nach Köln-Deutzerfeld
38 1404	(5/1935)	– (12/1941)	von Köln-Deutzerfeld, nach Osteinsatz
38 1405	16.9.1928	– 2.11.1928	von ?, nach ?
38 1408	23.9.1925	– 6.4.1930	von Opladen, nach Köln-Deutzerfeld

Zwischen 1960 und 1969 war die 03 111 im Bw Mönchengladbach zuhause, aufgenommen 1965 im Hauptbahnhof. Foto: Dr. Günther Barths

38 1487	20.7.1946	– 4.11.1954	von Limburg, nach Lindau
38 1507	15.11.1947	– 20.5.1959	von Oberhausen, nach Düsseldorf Hbf
38 1543	24.5.1958	– 5.11.1958 z	von Krefeld, ausgemustert 30.9.1960
38 1624	(9.1947)	– (9.1956)	von Hamburg Berliner Bahnhof, nach Dortmund Bbf
38 1625	10.10.1925	– 9.11.1939	von Wittenberge, nach Koblenz Hbf
	20.1.1940	– 16.6.1944	von Koblenz Hbf, nach Merzig
38 1627	21.2.1927	– 10.10.1939	von ?, nach Köln-Nippes
38 1672	17.11.1925	– 8.6.1935	von Essen Hbf, nach Trier
38 1766	6.5.1955	– 26.4.1959	von Köln Bbf, nach Krefeld
38 2020	31.8.1964	– ?	von ?, nach ?
38 2096	(11.1927)	– (12.1941)	von ?, nach Rottweil
38 2117	(6.1945)	– (5.1956)	von ?, nach Düren
38 2202	1.2.1927	– 13.1.1951	von Wittenberge, nach Krefeld
	20.5.1951	– 31.5.1959	von/nach Krefeld
38 2205	9.3.1952	– 4.10.1958	von Aachen Hbf, nach ?
38 2270	6.4.1944	– 11.5.1945	von Osteinsatz, nach Hamm
38 2327	(1924)	– (1936)	von ?, nach Köln-Gereon
38 2383	14.7.1945	– 8.5.1950	von Leipzig Nord, nach Euskirchen
38 2384	31.8.1964	– 21.5.1965 z	von Köln-Eifeltor, ausgemustert 1.9.1965
38 2577	1.4.1965	– 16.11.1967 z	von Krefeld, ausgemustert 21.6.1968
38 2599	(1925)	– ?	von ?, nach ?
	(3.1928)	– (12.1941)	von ?, nach Osteinsatz
	(5.1944)	– (9.1945)	von Osteinsatz, nach Köln Bbf
38 2617	16.11.1946	– 20.11.1946	von Köln-Deutzerfeld, nach Krefeld
38 2627	30.7.1956	– 3.10.1956	von/nach Krefeld
38 2637	25.9.1944	– ?	von Koblenz-Mosel, nach Neuss
38 2640	20.1.1948	– 31.1.1948	von ?, nach ?
	(5.1949)	– (9.1949)	von/nach Euskirchen
38 2642	14.2.1946	– 7.5.1950	von Aachen Hbf, nach Euskirchen
	12.6.1954	– 17.10.1954	von Euskirchen, nach Krefeld
	1.11.1958	– 17.12.1958	von/nach Krefeld
38 2721	12.4.1948	– 31.5.1959	von Husum, nach Krefeld
38 2770	25.12.1926	– 27.1.1942	von ?, nach Osteinsatz
38 2773	(3.1935)	– (12.1941)	von Neuss, nach Osteinsatz
	(9.1944)	– (6.1946)	von Osteinsatz, nach Bonn
38 2897	4.11.1926	– 30.5.1959	von Siegen, nach Krefeld
38 2959	30.7.1927	– 16.10.1935	von Aachen Hbf, nach Neuss
38 2961	7.8.1920	– 28.4.1941	von Werk, nach Frankfurt am Main
38 2962	14.8.1920	– 2.5.1945	von Werk, nach Altenbeken
38 2963	31.12.1932	– 1.4.1933	von ?, nach St. Wendel
38 2964	23.12.1926	– 25.4.1941	von Aachen Hbf, nach Osteinsatz
38 2965	(1.1920)	– 11.10.1939	von Werk, nach Köln-Nippes
	1.12.1939	– 1.11.1941	von Köln-Nippes, nach Rheydt
	27.2.1942	– 27.10.1944	von Rheydt, nach Neuss
38 2967	15.11.1927	– 10.10.1939	von Krefeld, nach Köln-Nippes
	16.12.1939	– 3.8.1941	von Köln-Nippes, nach Rheydt
	14.8.1945	– 1.6.1959	von ?, nach Krefeld
38 2968	(2.1926)	– (9.1935)	von ?, nach Krefeld
38 2969	31.3.1926	– 25.8.1942	von ?, nach Osteinsatz
38 2972	22.9.1920	– 10.10.1939	von Werk, nach Köln-Nippes
	18.12.1939	– 3.10.1941	von Köln Bbf, nach Jülich
	15.2.1942	– 13.4.1946	von Jülich, nach Kassel
38 2974	1.10.1920	– 12.8.1929	von Werk, nach Neuss
	20.9.1929	– 9.5.1935	von Neuss, nach Saarbrücken Hbf
38 3066	9.12.1956	– 20.6.1959 z	von Duisburg Hbf, ausgemustert 28.5.1961
38 3143	1.4.1925	– 7.12.1926	von ?, nach Euskirchen
38 3145	(1.1925)	– 17.6.1941	von ?, nach Köln Bbf
38 3147	(7.1926)	– (6.1945)	von ?, nach Hamburg-Rothenburgsort
38 3150	(6.1927)	– 31.5.1959	von ?, nach Kleve
38 3314	5.3.1946	– 27.1.1949	von ?, nach Kleve
	3.9.1951	– 31.5.1959	von Düren, nach Krefeld
38 3419	1.4.1965	– 27.2.1967 z	von Krefeld, ausgemustert 5.7.1967
38 3521	1.4.1965	– 23.7.1965 z	von Krefeld, ausgemustert 6.1.1966
38 3539	2.2.1944	– 31.5.1959	von Neuss, nach Krefeld
38 3541	1.6.1965	– 14.7.1967 z	von Krefeld, ausgemustert 12.3.1968
38 3543	4.6.1954	– 15.6.1954	von/nach Krefeld
	1.6.1965	– 17.9.1965 z	von Krefeld, ausgemustert 6.1.1966
38 3598	(1948)	– 21.12.1948	von/nach Aachen Hbf

38 3615	28.3.1955	– 21.4.1955	von Düren, nach Köln-Deutzerfeld
39 011	2.1948	– 8.7.1949	von Köln-Deutzerfeld, nach Kempten
39 055	1.4.1933	– 9.7.1949	von ?, nach Kempten
39 061	22.8.1946	– 22.9.1949	von Köln (Bbf oder Deutzerfeld), nach Kempten
39 069	1.1.1946	– 1.2.1949	von ?, nach Köln Bbf
39 075	12.7.1932	– 14.12.1942	von Berlin Anhalter Bahnhof, nach ?
39 111	?	– 25.8.1949	von Köln-Deutz, nach Kempten
39 116	20.7.1932	– 26.9.1940	von Dortmund Hbf, nach Köln-Deutzerfeld
39 122	31.12.1935	– 30.4.1944	von ?, nach ?
39 130	26.10.1947	– 30.12.1948	von Köln Bbf, nach Dillenburg
39 141	22.3.1946	– 6.12.1948	von Köln Bbf, nach Kempten
39 143	26.1.1946	– ?	von ?, nach Mannheim
39 145	6.1.1946	– 25.9.1949	von Krefeld, nach Kempten
39 149	9.5.1944	– 17.6.1946	von Wuppertal-Langerfeld, nach Köln Bbf
	6.12.1948	– 25.6.1948	von Köln Bbf, nach Kempten
39 151	30.9.1932	– 16.9.1940	von Köln Bbf, nach Köln-Deutzerfeld
	6.11.1948	– 24.7.1949	von Düren, nach Krefeld
	10.9.1949	– 30.10.1949	von Krefeld, nach ?
39 153	1.10.1932	– 16.9.1940	von/nach Köln-Deutzerfeld
39 154	13.7.1934	– 3.4.1946	von Jünkerath, nach Köln-Deutzerfeld
39 160	(5.1946)	– (12.1946)	von Trier Hbf, nach Köln Bbf
	(1.1948)	– 29.12.1948	von Köln Bbf, nach Kempten
39 161	22.1.1946	– 25.8.1947	von Wanne-Eickel, nach Heidelberg
39 196	17.5.1946	– 9.3.1948	von ?, nach Heidelberg
39 252	20.12.1945	– (10.1946)	von Wanne-Eickel, nach Köln-Deutzerfeld
	(8.1948)	– 24.4.1949	von Köln-Deutzerfeld, nach Kempten
39 253	22.12.1945	– 4.11.1947	von Hamm, nach Stuttgart Hbf
41 001	6.7.1949	– (11.1954)	von Osnabrück Hbf, nach Köln-Eifeltor
41 010	28.3.1949	– 8.4.1949	von Kirchweyhe, nach Krefeld
	26.4.1949	– 10.11.1954	von Krefeld, nach Köln-Eifeltor
41 018	28.6.1949	– 21.5.1955	von Osnabrück Hbf, nach Köln Bbf
41 019	15.7.1949	– 7.11.1954	von Osnabrück Hbf, nach Köln-Eifeltor
41 060	14.4.1949	– 26.9.1954	von Kirchweyhe, nach Hamm Gbf
41 063	28.3.1949	– 26.12.1954	von Kirchweyhe, nach Hamburg-Eidelstedt
41 089	12.7.1949	– 23.11.1954	von Osnabrück Hbf, nach Rheydt
41 135	7.7.1945	– 15.11.1945	von Osnabrück Hbf, nach Rheydt
	28.3.1949	– 30.12.1954	von Kirchweyhe, nach Köln-Eifeltor
41 164	21.6.1949	– 17.10.1954	von Osnabrück Hbf, nach Hamm
41 178	1.7.1949	– 12.12.1954	von Osnabrück Hbf, nach Köln-Eifeltor
41 245	22.4.1953	– 23.11.1954	von Siegen, nach Köln-Eifeltor
41 259	13.3.1953	– 10.12.1954	von Siegen, nach Köln-Eifeltor
41 349	29.4.1953	– 22.5.1955	von Siegen, nach Köln-Eifeltor

Die 55 2594 rangierte im August 1967 in der Nähe der Kabelwerke im Güterbereich des Bahnhofs Rheydt-Geneicken.   *Foto: Thomas Johannsson*

Lok	von	bis	Strecke
41 352	10.4.1953	– 4.11.1953	von Hagen-Eckesey, nach Köln-Eifeltor
50 640	(9.1945)	– (12.1945)	von Helmstedt, nach Rheydt
50 687	1.7.1945	– 28.2.1946	von Gütersloh, nach Rheydt
50 767	1.7.1945	– 9.12.1945	von/nach Rheydt
50 1342	1.7.1945	– 15.11.1946	von Lehrte, nach Köln-Deutzerfeld
50 1516	18.7.1951	– 3.9.1951	von Köln-Nippes, nach Euskirchen
50 1524	19.7.1945	– 8.11.1946	von Oberhausen-Osterfeld Süd, nach Neuss
50 1586	8.7.1943	– 9.8.1943	von Hohenbudberg, nach Rheydt
50 2290	1.7.1945	– 4.11.1946	von Gütersloh, nach Hohenbudberg
50 2299	1.7.1945	– 14.3.1946	von Hohenbudberg, nach Bonn
50 2332	10.10.1945	– 13.11.1946	von Hamburg-Eidelstedt, nach Köln-Deutzerfeld
50 2369	9.7.1943	– 22.8.1943	von Düren, nach Rheydt
50 2704	25.9.1954	– 28.6.1955	von Rheydt, nach Bochum-Dahlhausen
50 2719	(12.1944)	– 30.11.1946	von Osnabrück Hbf, nach Neuss
50 2778	6.8.1945	– 20.2.1946	von Wuppertal-Langerfeld, nach Rheydt
50 2855	16.2.1956	– 21.2.1956	von Rheydt, nach Köln-Eifeltor
50 3075	2.9.1944	– (10.1945)	von/nach Bochum-Langendreer
50 3106	1.7.1945	– 17.9.1946	von Löhne, nach Neuss
55 2588	1.8.1950	– 2.11.1950	von Hohenbudberg, nach Köln Bbf
55 2594	2.7.1956	– 9.10.1956	von/nach Rheydt
55 2764	20.1.1948	– ?	von ?, nach ?
55 2819	20.1.1948	– (1950)	von ?, nach Rheydt
55 2899	9.10.1948	– 25.1.1954	von Aw Mülheim-Speldorf, nach Rheydt
55 3100	11.11.1949	– 23.2.1950	von Herzogenrath, nach Jülich
55 3149	29.12.1946	– 6.7.1947	von Herne, nach Jülich
	15.10.1947	– 1.8.1956	von Jülich, nach Rheydt
	11.10.1956	– 27.5.1961	von/nach Rheydt
55 3300	10.11.1949	– ?	von ?, nach ?
55 3394	1.7.1945	– 9.4.1946	von Hohenbudberg, nach Jülich
55 3430	29.5.1931	– 7.11.1933	von/nach Neuss
	13.5.1934	– 18.10.1939	von Neuss, nach Rheydt
55 3434	31.12.1958	– (5.1961)	von ?, nach Rheydt
55 3538	20.1.1949	– 27.4.1961	von Hagen-Vorhalle, nach Rheydt
55 3897	20.1.1948	– (1948)	von ?, nach Jülich
55 4175	7.3.1951	– 27.4.1961	von Jülich, nach Rheydt
55 4693	1.2.1955	– 10.5.1955	von/nach Rheydt
55 5085	6.7.1945	– 13.4.1946	von ?, nach Krefeld
55 5123	(1932)	– (1938)	von Jülich, nach Neuss
55 5216	27.11.1953	– 6.1.1955	von Aachen West, nach Neuss
56 2072	17.9.1961	– 29.9.1961 z	von Rheydt, ausgemustert 20.10.1962
56 2876	25.9.1955	– 24.9.1955 z	von Kleve, ausgemustert 28.10.1959
56 2881	1.12.1957	– 5.8.1958	von/nach Rheydt
64 009	14.8.1955	– 10.5.1961	von Altenhundem, nach Stuttgart
64 028	1.6.1955	– (10.1955)	von Krefeld, nach Bergheim (Erft)
64 046	6.6.1961	– 14.10.1963	von Neuss, nach Aschaffenburg
64 079	14.8.1955	– 10.5.1961	von Altenhundem, nach Stuttgart
64 194	23.6.1955	– 1.7.1955	von Krefeld, nach Bergheim (Erft)
64 271	17.9.1955	– 7.11.1961	von Schwerte, nach Friedrichshafen
64 415	29.8.1955	– 19.10.1956	von Altenhundem, nach Euskirchen
64 415	25.6.1959	– 28.2.1962	von Euskirchen, nach Friedrichshafen
74 441	5.7.1947	– 5.12.1950	von Neuss, nach Frankfurt (Main) Ost
74 516	9.8.1946	– 29.9.1946	von Köln-Deutzerfeld, nach Jülich
74 538	16.7.1946	– 26.5.1953	von Arnsberg, nach Neckarelz
74 576	27.8.1948	– 25.10.1948	von Dieringhausen, nach Solingen-Ohligs
74 585	18.7.1946	– 6.10.1951	von Raw Paderborn, nach Jülich
74 638	26.8.1945	– 18.2.1946	von Neuss, nach Düren
74 654	17.6.1946	– 30.9.1951	von Dieringhausen, nach Jülich
74 704	4.11.1948	– 27.4.1952	von Kleve, nach Bingerbrück
74 839	11.7.1946	– 4.5.1952	von Raw Paderborn, nach Bingerbrück
74 877	?	– (1947)	von ?, nach Heilbronn
78 012	28.11.1926	– 20.10.1944	von Rbd Essen, nach Witten
78 029	3.11.1926	– 2.5.1933	von ?, nach Oberhausen Hbf
78 036	24.7.1947	– 13.8.1955	von Wuppertal-Steinbeck, nach Hamburg Hbf
78 072	6.4.1927	– 28.9.1944	von ?, nach Holzwickede
78 094	22.6.1929	– 17.2.1946	von Trier, nach Köln-Deutzerfeld
78 103	6.1.1927	– 26.3.1942	von ?, nach Euskirchen
78 103	12.5.1950	– 13.8.1955	von Euskirchen, nach Buchholz
78 104	8.5.1950	– 14.8.1955	von Euskirchen, nach Hamburg Hbf

78 105	25.5.1928	– 20.2.1942	von ?, nach Holzwickede
78 106	24.10.1927	– 16.11.1946	von ?, nach Euskirchen
78 106	14.5.1950	– 14.8.1955	von Euskirchen, nach Hamburg Hbf
78 112	18.6.1941	– 19.6.1942	von Köln Bbf, nach Neuss
78 112	10.7.1945	– 22.7.1946	von Neuss, nach Köln Bbf
78 129	28.11.1941	– 29.9.1943	von Köln Bbf, nach Hildesheim
78 184	24.6.1929	– 31.7.1944	von Trier, Kriegsverlust
78 186	(4.1921)	– (1.4.1933)	von ?, nach Koblenz-Lützel
78 206	(1950)	– (1954)	von/nach Köln-Deutzerfeld
78 239	6.10.1945	– 19.7.1946	von Krefeld, nach Köln Bbf
78 239	9.5.1950	– 5.10.1953	von Euskirchen, nach Köln-Deutzerfeld
92 566	(1947)	– 20.1.1948	von/nach Kleve
92 722	1.1.1956	– z	von Troisdorf, ausgemustert 14.7.1958
92 826	28.8.1947	– 18.8.1948	von Bochum-Langendreer, nach Bonn
92 827	21.1.1954	– 29.4.1954	von Bochum-Langendreer, nach Rheydt
92 837	13.4.1946	– 24.4.1946	von ?, nach Neuss
92 862	20.1.1948	– ?	von ?, nach Würselen
92 890	19.5.1946	– 28.8.1948	von Rheydt, nach Kleve
93 443	(12.1946)	– z	von ?, ausgemustert 29.4.1947
EB 6449	(12/1942)	– ?	belgische Beutelok Gattung P 8
EB 6487	(12/1942)	– ?	belgische Beutelok Gattung P 8
EB 6509	(12/1942)	– ?	belgische Beutelok Gattung P 8
311 268-7	1.6.1975	– 20.1.1976 z	von Rheydt, ausgemustert 19.2.1976
311 281-1	1.6.1975	– 1.11.1975 z	von Rheydt, ausgemustert 3.2.1976
322 022-5	1.6.1975	– 1.1.1977 z	von Rheydt, ausgemustert 21.4.1977
322 035-7	1.6.1975	– 29.9.1980 z	von Rheydt, ausgemustert 31.12.1980
322 163-7	1.2.1977	– 29.9.1980 z	von Koblenz-Mosel, ausgemustert 31.12.1980
322 164-5	1.2.1977	– 22.2.1979 z	von Koblenz-Mosel, ausgemustert 31.12.1980
322 512-5	1.2.1977	– 22.2.1979 z	von Koblenz-Mosel, ausgemustert 31.12.1980
323 001-8	1.1.1981	– 25.9.1982 z	von Koblenz-Mosel, ausgemustert 30.12.1982
323 105-7	1.6.1975	– ?	von Rheydt
323 122-2	31.1.1985	– ?	von Gremberg
323 134-7	1.6.1975	– 12.9.1983 z	von Rheydt, ausgemustert 29.12.1983
323 135-4	3.6.1975	– 7.9.1988 z	von Rheydt, ausgemustert 30.11.1988
323 308-7	28.9.1980	– 29.9.1985 z	von Düren, ausgemustert 6.9.1986
323 348-3	1.3.1979	– ?	von Mayen
323 448-1	1.6.1975	– 22.2.1979 z	von Rheydt, ausgemustert 31.12.1979
323 634-6	1.6.1975	– 31.1.1985	von Rheydt, nach Gremberg
324 006-6	1.6.1975	– 1.9.1987 z	von Rheydt, ausgemustert 17.12.1987
324 012-4	1.3.1979	– 30.12.1987	von Düsseldorf-Derendorf, nach Gremberg
324 016-5	1.6.1975	– 31.12.1979	von Rheydt, nach Gremberg
324 029-8	1.6.1975	– 31.12.1979	von Rheydt, nach Gremberg
515 002-4	15.1.1989	– 26.1.1989 z	von Mainz, ausgemustert 20.4.1989
515 018-0	15.1.1989	– 26.1.1989 z	von Mainz, ausgemustert 20.4.1989
515 023-0	29.5.1988	– 21.3.1989 z	von Mainz, ausgemustert 8.6.1989
515 502-3	28.5.1989	– 1.6.1989 z	von Braunschweig, ausgemustert 24.11.1989
515 503-1	28.5.1989	– 20.11.1990 z	von Braunschweig, ausgemustert 31.12.1990
515 506-4	2.6.1991	– 1.9.1991 z	von Wanne-Eickel, ausgemustert 15.11.1991
515 507-2	28.5.1989	– 18.2.1991 z	von Braunschweig, ausgemustert 10.6.1991
515 508-0	1.7.1986	– ?	von/nach Aachen, z-gestellt 8.6.1986, ausgemustert 30.5.1988
515 512-2	28.5.1989	– 14.6.1989 z	von Braunschweig, ausgemustert 24.11.1989
515 514-8	1.7.1986	– ?	von/nach Aachen, z-gestellt 8.6.1986, ausgemustert 30.5.1988
515 516-3	1.7.1986	– 1994	von Aachen/nach Wanne-Eickel, z-gestellt 24.6.1993
515 520-5	1.7.1986	– 1994	von Aachen/nach Wanne-Eickel
515 521-3	1.7.1986	– 24.6.1988 z	von Aachen, ausgemustert 20.4.1989
515 522-1	1.7.1986	– 1994	von Aachen/nach Wanne-Eickel
515 525-4	1.7.1986	– 1994	von Aachen/nach Wanne-Eickel
515 526-2	15.1.1989	– 1994	von Mainz/nach Wanne-Eickel
515 530-4	1.7.1986	– 26.11.1988	von Mainz, 27.11.1988-21.2.1989 z
–	22.2.1989	– 24.4.1992 z	a 15.12.1992
515 535-3	1.2.1988	– 12.1.1989 z	von Augsburg, ausgemustert 20.4.1989
515 553-6	5.1.1961	– 28.9.1968	von Hameln, nach Recklinghausen
515 554-4	5.11.1960	– 28.9.1968	von Werk, nach Recklinghausen

Für den Nebenbahnverkehr verfügte das Bw Mönchengladbach über zahlreiche Akkutriebwagen und Schienenbusse, wie hier den VT 95 9626 (1967).
Unten: Winterliche Ruhe vor dem Rundlokschuppen des Bahnbetriebswerks, mit zwei Triebwagen (ETA 150) im Winter 1970.
Fotos: Dr. Günther Barths

Bis Mitte der 90er Jahre befuhren Triebwagen der Baureihe 515 die Strecke Mönchengladbach – Dalheim; hier der 515 530 am Haltepunkt Arsbeck (15.5.1990).
Unten: Am 23.1.1989 warteten 515 530 und 002 auf ihren Einsatz. Sie waren erst einige Tage zuvor vom Bw Mainz nach Mönchengladbach umbeheimatet worden. *Fotos: Malte Werning*

515 555-1	11.11.1960	– 26.9.1968	von Werk, nach Recklinghausen
515 556-9	24.12.1960	– 28.9.1968	von Werk, nach Recklinghausen
515 557-7	1960	– 29.9.1968	von Werk, nach Düren
515 558-5	14.12.1960	– 23.6.1963	von Werk, nach Düsseldorf Hbf
	28.9.1963	– 29.9.1968	von Düsseldorf Hbf, nach Düren
515 559-3	30.12.1960	– 8.7.1965	von Werk, nach Düren
515 560-1	17.1.1961	– 30.5.1964	von Werk, nach Düren
515 564-3	1.7.1986	– 26.6.1989 z	von Aachen
	10.7.1989	– 11.7.1989 z	a 24.11.1989
515 565-0	1.7.1986	– 7.6.1989 z	von Aachen, ausgemustert 24.11.1989
515 567-6	1.7.1986	– 11.6.1992 z	von Aachen, ausgemustert 15.12.1992
515 583-3	1.7.1986	– ?	von/nach Aachen, z-gestellt 13.6.1986, ausgemustert 30.5.1988
515 586-6	1.7.1986	– ?	von/nach Aachen, z-gestellt 13.2.1986, ausgemustert 20.2.1987
515 587-4	1.7.1986	– ?	von/nach Aachen, z-gestellt 8.6.1986, ausgemustert 15.12.1988
515 588-2	1.7.1986	– 20.10.1987 z	von Aachen, ausgemustert 15.12.1988
515 602-1	?	– ?	von ?, ausgemustert 15.12.1988
515 603-9	?	– ?	von ?, ausgemustert 15.12.1988
515 604-7	1.7.1986	– 22.5.1993	von Aachen, nach Wanne-Eickel
515 605-4	1.7.1986	– 1.7.1987	von Aachen, nach Wanne-Eickel
515 607-0	1.7.1986	– 1.7.1987	von Aachen, nach Wanne-Eickel
515 612-0	1.7.1986	– 25.1.1987 z	von Aachen, ausgemustert 15.12.1988
515 613-8	1.7.1986	– 12.5.1988 z	von Aachen, ausgemustert 15.12.1988
515 614-6	1.7.1986	– ?	von Aachen z, ausgemustert 30.5.1988
515 615-3	1.7.1986	– 1.6.1989 z	von Aachen, ausgemustert 24.11.1989
515 616-1	1.7.1986	– 22.5.1993	von Aachen, nach Wanne-Eickel
515 623-7	15.6.1963	– 29.9.1968	von Werk, nach Düren
	1.7.1986	– 17.9.1988 z	von Aachen, ausgemustert 24.2.1989
515 624-5	19.9.1963	– 29.9.1968	von Recklinghausen, nach Düren
	1.7.1986	– 1.3.1988 z	von Aachen, ausgemustert 30.9.1988
515 625-2	27.6.1963	– 29.9.1968	von Werk, nach Düren
	1.7.1986	– 10.6.1987	von Aachen, nach Braunschweig
515 626-0	12.7.1963	– 29.9.1968	von Werk, nach Düren
	1.7.1986	– 17.9.1988 z	von Aachen, ausgemustert 15.12.1988
515 627-8	1.7.1986	– 1.2.1987 z	von Aachen, ausgemustert 30.9.1988
515 629-4	1.7.1986	– 1.11.1986 z	von Aachen, ausgemustert 10.2.1988
515 633-6	1.7.1986	– 1.7.1991	von Aachen, nach Wanne-Eickel
515 634-4	1.7.1986	– ?	von/nach Aachen, z-gestellt 17.6.1986, ausgemustert 30.5.1988
515 635-1	20.2.1987	– 1.4.1987 z	von Aachen, ausgemustert 15.5.1987
515 653-4	1.7.1986	– 1.4.1987 z	von Aachen, ausgemustert 15.5.1987
515 654-2	1.7.1986	– 28.5.1988 z	von Aachen, ausgemustert 15.12.1988
515 655-9	1.7.1986	– 1.7.1987	von Aachen, nach Mainz
815 602-8	1.7.1986 z	– 1.2.1988 z	von Aachen, ausgemustert 15.12.1988
815 603-6	3.6.1987	– 2.12.1987 z	von Mainz
	1.1.1988	– 1.2.1988 z	a 15.12.1988
815 611-9	15.1.1989	– ? z	von Mainz
	1.5.1989	– 18.5.1989 z	a 8.6.1989
815 614-3	15.1.1989	– 29.5.1989 z	von Mainz, ausgemustert 10.8.1989
815 616-8	15.1.1989	– 1.4.1989 z	von Mainz, ausgemustert 8.6.1989
815 660-6	1.7.1986	– 4.2.1988 z	von Aachen, ausgemustert 15.12.1988
815 672-1	4.6.1987	– 8.4.1989 z	von Augsburg 1 -
	1.6.1989	– 1.9.1989	nach Wanne-Eickel
815 673-9	11.12.1987	– 6.6.1989 z	von Augsburg 1 z, ausgemustert 10.8.1989
815 679-6	1.7.1986	– 1.2.1989 z	von Aachen, ausgemustert 8.6.1989
815 686-1	1.7.1986	– 1.2.1989 z	von Aachen, ausgemustert 8.6.1989
815 687-9	1.7.1986	– 3.1.1991 z	von Aachen, ausgemustert 10.6.1991
815 690-3	11.12.1987	– 10.6.1993 z	von Augsburg 1 815 691-1
	1.2.1988	– 10.6.1993 z	von Augsburg 1 815 694-5
	4.6.1987	– 25.8.1988 z	von Augsburg 1, ausgemustert 15.12.1988
815 700-0	1.7.1986	– 19.6.1989 z	von Aachen
	29.6.1989	– 1.7.1989 z	
	7.7.1989	– 12.7.1989 z	
	13.7.1989	– 15.7.1989 z	a 24.11.1989
815 702-6	1.2.1988	– 14.6.1989 z	von Augsburg 1, ausgemustert 24.11.1989

815 703-4	1.2.1988	– 16.6.1989 z	von Augsburg 1 –
	21.6.1989	– 22.6.1989 z	
	29.6.1989	– 1.7.1989 z	
	7.7.1989	– 11.7.1989 z	a 24.11.1989
815 706-7	1.2.1988	– 1.9.1989	von Augsburg 1, nach Wanne-Eickel
815 707-5	1.6.1989	– 1.3.1991 z	von Braunschweig 1, ausgemustert 10.6.1991
815 708-3	1.6.1989	– 1.7.1989 z	von Braunschweig 1 –
	5.7.1989	– 6.7.1989 z	
	9.7.1989	– 15.7.1989 z	
	31.7.1989	– 15.8.1989 z	
	17.8.1989	– 1.9.1989 z	a 24.11.1989
815 709-1	11.12.1987	– 15.9.1988 z	von Augsburg 1, ausgemustert 15.12.1988
815 711-7	1.6.1989	– ?	von Braunschweig 1 815 713-3
	1.6.1989	– ?	von Braunschweig 1 815 718-2
	11.12.1987	– ?	von Augsburg 1, ausgemustert 15.12.1988
815 721-6	1.7.1986	– ?	von Aachen, z-gestellt 19.6.1986, ausgemustert 10.2.1988
815 728-1	1.7.1986	– ?	von Aachen, z-gestellt 11.6.1986, ausgemustert 15.12.1988
815 731-5	1.7.1986	– 6.6.1987 z	von Aachen, ausgemustert 30.9.1988
815 734-9	1.7.1986	– ?	von Aachen, z-gestellt 5.6.1986, ausgemustert 30.5.1988
815 754-7	1.7.1986	– ?	von Aachen, z-gestellt 17.6.1986, ausgemustert 30.5.1988
815 755-4	1.7.1986	– ?	von Aachen, z-gestellt 25.6.1986, ausgemustert 15.12.1988
815 757-0	1.7.1986	– 4.7.1986 z	von Aachen, ausgemustert 15.12.1988
815 760-4	1.7.1986	– 1.10.1986 z	von Aachen, ausgemustert 15.12.1988
815 761-2	1.7.1986	– 1.6.1987 z	von Aachen, ausgemustert 30.9.1988
815 763-8	1.7.1986	– 18.7.1987 z	von Aachen, ausgemustert 15.12.1988
815 778-6	1.7.1986	– 7.4.1987 z	von Aachen, ausgemustert 30.9.1988
815 779-4	1.7.1986	– 12.2.1988 z	von Aachen, ausgemustert 15.12.1988
815 780-2	1.7.1986	– 21.12.1987 z	von Aachen, ausgemustert 15.12.1988
815 781-0	1.7.1986	– 1.6.1987 z	von Aachen
	1.7.1987	– 20.8.1987 z	a 30.9.1988
815 782-8	1.7.1986	– 17.3.1988 z	von Aachen, ausgemustert 15.12.1988
815 783-6	1.7.1986	– 31.3.1988 z	von Aachen, ausgemustert 15.12.1988
815 784-4	1.7.1986	– 21.12.1987 z	von Aachen
	1.1.1988	– 1.2.1988 z	a 20.4.1988
815 786-9	28.9.1987	– 25.5.1988 z	von Mainz, ausgemustert 15.12.1988
815 787-7	28.9.1987	– 19.5.1988 z	von Mainz, ausgemustert 15.12.1988
815 800-8	1.6.1989	– 1.7.1989 z	von Braunschweig 1
	9.7.1989	– 15.7.1989 z	a 24.11.1989
815 801-6	1.6.1989	– 19.6.1989 z	von Braunschweig 1
	29.6.1989	– 1.7.1989 z	
	9.7.1989	– 15.7.1989 z	a 24.11.1989
815 807-3	1.6.1989	– 1.7.1989 z	von Braunschweig 1
	4.7.1989	– 6.7.1989 z	
	9.7.1989	– ?	

Anmerkung zur Stationierungsliste des Bw Mönchengladbach

Die Unterhaltung von Triebfahrzeugen im Bw Mönchengladbach war in den vergangenen 30 Jahren sehr wechselhaft. Sie endete zunächst am 29.9.1968, und das Bw war anschließend nur noch Personaleinsatzstelle. Von 1975 bis 1988 wurden wieder Triebfahrzeuge unterhalten, und zwar Kleinloks Köf II und III. Zum 1.1.1992 wurde es schließlich mit dem Bw Krefeld zum neuen Bw Mönchengladbach (seit 1.1.1994 Betriebshof, Bh) zusammengelegt.

Am 1.12.1983 war das Bw Düren aufgelassen und dem Bw Aachen als Außenstelle zugeordnet worden. Das Bw Aachen war damit buchungstechnisch Heimat-Bw für Triebfahrzeuge geworden. Da die Außenstelle Düren am 1.7.1986 geschlossen wurde, kamen die Triebfahrzeuge von Aachen zu den Bw Krefeld und Köln-Nippes. Seit dem 1.1.1992 ist Krefeld eine Außenstelle des Bw (Bh) Mönchengladbach. Bis auf die Baureihen 515/815, die in Mönchengladbach unterhalten wurden, verblieb die Triebfahrzeugunterhaltung in Krefeld, jedoch trugen die Fahrzeuge die Anschrift „Bw (bzw. Bh) Mönchengladbach".

Am 31.12.1994 wurde die Unterhaltungswerkstatt in Mönchengladbach endgültig geschlossen. Da die Drehscheibe seitdem nicht mehr befahren werden darf, werden die ankommenden Elektrolokomotiven vor allem am ehemaligen Eilgutschuppen (gegenüber von Gleis 9 in Mönchengladbach Hbf) abgestellt. Heute besteht der Bh Mönchengladbach aus der hier ansässigen Dienstleitung sowie der Drehscheibe und dem Lokschuppen in Krefeld.

Abkürzungen: z = abgestellt, M.G. = München-Gladbach / M'Gladbach / Mönchengladbach

Anschlußgleise und Werkbahnen um Mönchengladbach

Centralbahnhof und Ortsgüterbahnhof München-Gladbach

Das Fabriksgelände der 1855 gegründeten „Gladbacher Actien-Spinnerei und -Weberei" zog sich von der Lürriper bis zur heutigen Güterstraße hin und reichte dort an die Gütergleise des Centralbahnhofs München-Gladbach heran. Das Unternehmen besaß bereits 1856 einen Gleisanschluß, der von den Gütergleisen aus Richtung Neuss zu einer Wagendrehscheibe an der Ecke Güter- / heutige Breitenbachstraße führte. An der Drehscheibe begann das Anschlußgleis und verlief – parallel zur Breitenbachstraße – fast über das gesamte Werksgelände, auf dem es ein zweites, parallel verlaufendes Abstellgleis gab.

Nachdem der neue Ortsgüterbahnhof 1900-05 an der Breitenbachstraße fertiggestellt war, wurde der Gleisanschluß 1905/06 an die Fabrikseite in dieser Straße verlegt. Er begann auf einem mittleren Abstellgleis des neuen Ortsgüterbahnhofs und endete im Werkshof an einer Wagendrehscheibe.

Nach 1915 kaufte die Stadt München-Gladbach das Fabriksgebäude und richtete im Gebäude Ecke Güterstraße / Platz der Republik bis 1928 eine Berufsschule ein. 1934 befanden sich im Gebäude Ecke Heinrich-Sturm- / Lürriper Straße eine Kleiderfabrik und ein Wollager, die den Gleisanschluß aber wohl nicht mehr genutzt haben.

Während des 2. Weltkriegs wurde auf dem Eckturm an der Güterstraße eine Flak aufgestellt, auch zum Schutz des Hauptbahnhofs. Die Fabriksgebäude erlitten trotzdem schwere Schäden. Nach dem Krieg lagen die Gebäude lange Zeit brach, ehe sie 1973-78 zu den Gewerblichen Schulen der Stadt Mönchengladbach umgestaltet wurden. Das Gleis über die Breitenbachstraße existierte noch 1975. Auf ihm stand damals ein alter grüner Eilzugwagen mit Faltenbälgen, der 1980 ebenso wie das Gleis verschwunden war.

Den Rangierbetrieb auf den Gleisanschlüssen dürften bis etwa 1870 Loks der Aachen-Düsseldorf-Ruhrorter Eisenbahn besorgt haben, danach dreifach gekuppelte BME-Maschinen. Nach der Jahrhundertwende rangierten hier preuß. G 3 und G 7.

Der städtische Schlachthof der Stadt München-Gladbach ging am 1.3.1882 an der Lürriper Straße in Betrieb. Er reichte weit an den im Bau befindlichen Ortsgüterbahnhof in der Breitenbachstraße heran. Bis Oktober 1906 beantragte die Stadt einen Privatgleisanschluß für den Schlachthof, für ihren Lagerplatz südlich vom Schlachthof sowie für den Lagerplatz der Kohlenhandlung Albert Zimmermann auf dem Gelände des Ortsgüterbahnhofs. Der Gleisanschluß war bis zum städtischen Lagerplatz zweigleisig und endete eingleisig am Lagerplatz der Kohlenhandlung.

Am 7.5.1907 beantragte die „Rheinische Armaturen- und Maschinenfabrik Albert Sempell" in der Lürriper Straße, den Gleisanschluß mitnutzen zu dürfen. Dazu erhielt das Gleis nördlich des Schlachthofs ein Stumpfgleis, an dem die Firma Sempell eine Umschlaghalle errichtete.

Bis 1912 wurde der Gleisanschluß von nachweislich allen Unternehmen genutzt, danach ist die Nutzung durch den städtischen Lagerplatz und die Firma Sempell ungewiß. 1931/32 wurden die Anschlüsse des Schlachthofs und der Kohlenhandlung erweitert. Der Schlachthof, der nach 1935 seine Blütezeit erlebte, wurde im 2. Weltkrieg zu 80% zerstört. Nach dem Wiederaufbau nutzte er den Gleisanschluß bis mindestens 1955. Zwischen 1959 und 1964 wurde das Werk umgebaut, am 31.7.1968 jedoch aus wirtschaftlichen Gründen geschlossen.

Strecke München-Gladbach – Odenkirchen

Die Deutsche Continental-Gas-Gesellschaft zu Dessau (DCGGD) ließ 1855-57 auf dem Gelände an der ehemaligen Gas- und Gasometerstraße ein Gaswerk errichten, das 1871 (nach Eröffnung der Strecke München-Gladbach – Odenkirchen) einen Gleisanschluß

Die Firma Schorch GmbH in Rheydt besaß zwischen 1957 und 1978/79 eine Rangierlok von Orenstein & Koppel, hier 1967 auf dem Werksgelände. Foto: Dr. G. Barths

erhielt. Nachdem die beiden ursprünglichen Kohlebunker des Gaswerks 1891 vereinigt und vergrößert worden waren, wurde auch der Gleisanschluß erweitert. Das Anschlußgleis aus Richtung Geneiken mündete in eine Wagendrehscheibe an der Gleisverzweigung München-Gladbach – Rheydt / München-Gladbach – Rheydt-Geneiken. Von der Drehscheibe führten ein Gleis an die Nordseite des Bunkers und ein zweites Gleis an seiner anderen Seite vorbei.

Bis zum 17.6.1908 war der Bunker wieder auf die Hälfte verkleinert worden, so daß auch das Drehscheibengleis verkürzt wurde. Das bei einem Luftangriff am 20.11.1944 völlig zerstörte Gaswerk wurde nach dem Krieg nicht wieder aufgebaut. An seiner Stelle befindet sich heute der Verkehrskindergarten der Stadt Mönchengladbach.

Um die Jahrhundertwende entstanden am Bahnhof Rheydt-Geneiken zahlreiche Firmen, die den Kern des Industriegebiets Bonnenbroich bildeten, welches sich vom Bahnhof bis zur heutigen Schwalmstraße hinzog. Zu den Betrieben gehörten u. a. die Kabelwerke Rheydt AG (gegründet 28.2.1898), die Eisenwarenhandlung Carl Pohle (3.9.1875), die Firma Scheidt & Bachmann (1.5.1872), die ab 1906 Druckluftstellwerke herstellte, die elektrotechnischen Schorch-Werke (1882) und die Maschinenfabrik August Monforts (1884). Diese Firmen ließen sich ab 1898 nach und nach in Bonnenbroich nieder.

Sie und weitere kleinere Firmen erhielten ab 1906 normalspurige Gleisanschlüsse, so:
- Kabelwerke Rheydt AG, deren 1906 bereits bestehender Anschluß 1906/07 erweitert wurde;
- Holzhandlung Hölters & Peters mit dem Nebenanschließer Gebr. Effertz (Rolladenbau) 1908;
- Firma Scheidt & Bachmann zwischen 1912 und 1914;
- Schorch-Werke 1914;
- Farbenfabrik Kalderoni & Lapp mit dem Nebenanschließer Knops (Holzhandlung) 1915/16;
- Holzhandlung Saeger & Busch, die Eisenwarenhandlung Carl Pohle und die Kohlenhandlung Naber 1920.

Der Anschluß der Maschinenfabrik August Monforts wurde 1919 erweitert und 1920 durch eine Segmentdrehscheibe ergänzt. Ferner besaßen die Kartoffel- und Brennstoffhandlung Wilms sowie die Mineralölhandlung Schmitz Gleisanschlüsse am Bahnhof Rheydt-Geneiken.

Das Besondere dieser Gleisanschlüsse war, daß sie 1912 durch die städtische Straßenbahn Rheydt gebaut und elektrifiziert worden waren. Da sie keinen Anschluß zum übrigen Straßenbahnnetz hatten, konnten sie in Normalspur angelegt werden. Den Rangierdienst versah eine in eigener Werkstatt gebaute Lok der Straßenbahn.

Der 2. Weltkrieg verschonte das Bonnenbroicher Industriegebiet nicht. Betroffen

Die Kabelwerke Rheydt hatten zwei Kleinloks (Köf II), hier eine Maschine im Jahr 1968.
Foto: Dr. Günther Barths

Rangierfahrzeuge der Anschließer am Bahnhof Rheydt-Geneiken

	Herst.	Fabr.-Nr.	Baujahr	Bauart	Bemerkungen
Kabel Rheydt AG					
E-Lok	?	?	?	?	Holzkasten, Rollenstromabnehmer
Diesellok	Deutz	26009	1938	B	Köf II
Diesellok	Deutz	23126	1938	B-dm	Köf II, 30 km/h, 110 PS, ab 1938, 1974 verschrottet
Rangierunimog	MB	?	?	B-dm	1974-86
MB-trac 700	DB		1986	B-dm	Schienentraktor, 65 PS, seit 1986
Carl Pohle GmbH & Co					
Diesellok	O&K	26298	?	B	10 t, ab 1956, 1969 an Walzstahlwerk Oberhausen
Diesellok	O&K	26655	1969	B-dh	20 t, seit 1969
Rangierunimog	MB		?	B-dm	1993 von NL Carl Pohle Duisburg
Schorch GmbH					
Diesellok	O&K	25742	1957	B-dh	10 t, 40 PS, 12 km/h, ab 1957, 1978/79 ausgemustert
Rangierunimog	MB		?	B-dm	seit 1970
A. Monforts GmbH & Co.					
Akku-Lok	BBC		1924		5 t, 75-V-Batterie, Spillanlage
Diesellok	Deutz	22759	1938	B-dm	ab 1938, von Schmal- auf Normalspur umgebaut, 1992 an Bayr. Eisenbahnmuseum

Die Firma Pohle hatte in den 60er und 70er Jahren vor allem Flachwagen mit Stahlprofilen zu rangieren. Dazu benutzte sie die Kleinlok von O & K mit der Fabriknummer 26655 (8.12.1976).

Bei Monforts in Mönchengladbach-Hermges wurde u. a. mit der Deutz-Lok aus dem Jahr 1938 rangiert. Die Lok gehört heute dem Bayerischen Eisenbahnmuseum.

Bis 1982 besaß die Firma Rohtex die Deutz-Kleinlok mit der Fabriknummer 47410 (28.4.1975). Fotos: Dr. G. Barths

Vom Bahnhof Mülfort transportierten Rheydter Straßenbahntriebwagen normalspurige Güterwagen auf Rollwagen. Auf dem Foto von 1941 zieht die Güterstraßenbahn einen 5-MVA-Trafo von Rheydt nach Erkelenz.
Foto: Stadtarchiv

waren vor allem die Schorch-Werke (zu 90% zerstört), die Kabelwerke Rheydt (zu 50% zerstört) und die Firma Scheidt & Bachmann. Doch ab 1947 konnten die Werke wieder produzieren.

Die E-Lok 143 versah den Rangierdienst bis zum 31.7.1956, dann wurde sie zum Bahnhof Mülfort umgesetzt. Ab 1.8.1956 setzte die Bundesbahn für den Rangierdienst eine Köf II des Bw Rheydt ein, aber auch Dampfloks der BR 55 kamen hier gelegentlich zum Einsatz. In der zweiten Hälfte der 70er Jahre löste eine Köf III des Bw Krefeld die Rheydter Köf II ab. Sie war bis um 1990 in Bonnenbroich, seitdem besorgt eine Diesellok der BR 290 den Rangierdienst.

In den 90er Jahren legten einige Firmen ihre Gleisanschlüsse still, z.B. die Monforts GmbH & Co., Hölters & Peters sowie Gebr. Effertz (1992), Kalderoni & Zum Bruch (Nachfolger von Kalderoni & Lapp, 1993). Im Jahr 1996 existierten lediglich noch die Anschlüsse von Kabel Rheydt AG, Carl Pohle GmbH & Co., Schorch GmbH und Scheidt & Bachmann GmbH.

Neben den in der Tabelle genannten Fahrzeugen hatten das Kabelwerk und die Firma Pohle eigene Bahnhofswagen. Der Wagen des Kabelwerks diente dem Stückgutverkehr zwischen dem Bahnhof Rheydt-Geneiken und dem Anschluß. Der Wagen des Baujahres 1908 mit einem Tonnendach hatte keine Bremse und ist spätestens 1970 verschrottet worden. Der Bahnhofswagen der Firma Pohle wurde 1891 in Burbach gebaut und kam Ende der 20er Jahre vom Raw Jülich zu Kalderoni & Lapp. Er wurde für den Stückgutverkehr zwischen dem Bahnhof Rheydt-Geneiken und dem Anschluß eingesetzt. Der Wagen hatte Doppelsternräder, Stangenpuffer, aber keine Bremse. Er war bis Anfang der 70er Jahre bei Pohle im Einsatz und wurde dann dem Modelleisenbahnclub Mönchengladbach e.V. geschenkt. 1986/87 wurde er der Bundesbahn zur musealen Aufarbeitung übergeben.

Gleisanschlüsse hatten 1879 die Baumwollspinnereien W. Dilthey & Cie. an der Strecke Müllfort – Rheydt-Geneiken und Gebr. Mühlen & Cie. am Bahnhof Müllfort. Dort bestand um 1900 der Gleisanschluß der Müllforter

Sandbaggerei. Ihre Lage ist zwar nicht bekannt, doch verfügte sie über eine schwere C-gekuppelte Güterzuglok, die noch aus der Privatbahnzeit stammte, entweder von der Bergisch-Märkischen oder der Rheinischen Eisenbahn.

Die Straßenbahnen von München-Gladbach und Rheydt wurden um 1900 elektrifiziert. Für den elektrischen Betrieb brauchte das Rheydter Elektrizitätswerk (ab 1912 Niederrheinische Licht- und Kraftwerke, NLK) große Mengen Kohle. Da eine direkte Gleisanbindung an den Bahnhof Müllfort wegen der Bebauung nicht möglich war, beschloß der Rat der Stadt Rheydt am 29.11.1910, die Kohlewagen auf Rollböcken der Straßenbahn zum Elektrizitätswerk zu transportieren. 1911 wurde im Bahnhof Mülfort die erste Rollbockanlage in Betrieb genommen, die bis zum 20.6.1912 auf drei Übergabeböcke erweitert wurde.

An das Rollbocksystem schlossen sich 1911 das städtische Elektrizitätswerk und der städtische Fuhrpark, 1912 die Firma Otto Froriep, 1916/17 die Rheinischen Wollwerke AG (vorm. Heinrich Kloeters) und die Kohlenhandelsgesellschaft Paul Naber sowie 1920 die Färberei J. & W. Keller an. Auch der Großmarkt am Bahnhof Müllfort wurde in das System einbezogen.

Bis 1917 übernahm die Preußische Staatsbahn den Rangierbetrieb an der Umsetzanlage, dann wurde die in der Werkstatt der Rheydter Stadtwerke gebaute E-Lok 142 eingesetzt. Für den Rollbockverkehr zu den einzelnen Firmen standen ein bis zwei Straßenbahntriebwagen zur Verfügung, die maximal drei Güterwagen ziehen durften.

Nach dem 2. Weltkrieg standen für den Güterverkehr auf Straßenbahngleisen zwei Gütertriebwagen (Baujahr 1911) und sechs Rollbockwagen zur Verfügung. Ab 1.8.1956 löste die E-Lok 143 (ehem. Bahnhof Rheydt-Geneicken) die Lok 142 ab, die noch im gleichen Jahr verschrottet wurde. 1961 wurden die beiden Gütertriebwagen durch zwei Straßenbahntriebwagen (Baujahr 1927) aus Hagen ersetzt. Der Straßenbahn-Güterverkehr endete am 31.3.1964. Die Umsetzanlage im Bahnhof Mülfort wurde für Culemeyer-Fahrzeuge umgebaut, welche die Firma Froriep noch bis 1976 bedienten.

Zumindest in den 20er Jahren existierten am Bahnhof Odenkirchen Gleisanschlüsse der Baumwollspinnerei, Färberei und Zwirnerei Daniel & Strater, der Wattefabrik Horn und der Maschinenfabrik Trützschler GmbH & Co KG. Wie lange diese Anschlüsse bestanden haben, ist nicht bekannt.

Strecke München-Gladbach – Viersen und Bahnhof Neuwerk

Die Stadt München-Gladbach kaufte im Frühjahr 1898 ein etwa 10 ha großes Grundstück zwischen Siemens- und Süchtelner

Das Städtische Gaswerk München-Gladbach wurde 1898-1903 gebaut. Die Kohlezüge bedienten es vom Bahnhof Neuwerk aus. Mitte der 80er Jahre hat man das Werk abgerissen.
Foto: Stadtarchiv

Straße, um ein eigenes Gaswerk zu bauen. Ende Dezember 1903 war das Gaswerk fertig. Die Eisenbahnverwaltung hatte der Stadt zugesagt, den Gleisanschluß ab Haltestelle Dünn zu errichten. Damals war der 1907 eröffnete Bahnhof Neuwerk im Bau und der 7,30 m hohe Bahndamm vom Bahnhof München-Gladbach Mitte (ab 1927 M.-Gladbach Hbf) zum Bahnhof Neuwerk kurz vor der Fertigstellung. Dadurch war zum Niveau des Gaswerks ein Höhenunterschied von 7,30 m entstanden, so daß für die Zufahrtsrampe beträchtliche Anschüttungen erforderlich waren. In den Kohleschuppen des Gaswerks führten drei Gleise, die im Schuppen auf einem Eisenträgergestell lagerten. Die Wagen, die vor der Einfahrt in den Schuppen gewogen wurden, brauchten nur ihre Seitenklappen zu öffnen, und die Kohle 7,30 m fiel in den Bunker. Der Bunker faßte 580 Doppelwagen Kohle, was einem Drittel des Jahresbedarfs entsprach. Ein weiteres Gleis führte mit einem Gefälle von 1:160 an der hinteren Längswand des Schuppens vorbei auf den Hof des Gaswerks, wo sich eine Drehscheibe befand.

1903 erhielt das Gaswerk eine B-gekuppelte Dampfspeicherlok (Hohenzollern, Fabr.-Nr. 1687), deren Dampftankstelle sich im unteren Gaswerksgelände befunden haben muß. Dort hatte sie ab 1907 einen eigenen Lokschuppen, den es nach dem 2. Weltkrieg nicht mehr gab. Die Dampfspeicherlok soll bis 1965 vorhanden gewesen und dann verkauft worden sein. 1948 war der Rangierbetrieb im Gaswerk so groß, daß von der Firma Stodiek aus Kaarst eine zweite Dampfspeicherlok (Hohenzollern, Fabr.-Nr. 844, Baujahr 1895) ausgeliehen werden mußte.

Zwischen dem Bahnhof Neuwerk und dem Gaswerk wurden 1909 ein Abstell- und ein Abholgleis verlegt. Bis 1909 erreichten die Kohlezüge den Bahnhof Neuwerk über den Bahnhof Bökel, nach dessen Schließung über Neersen. Der Gleisanschluß wurde 1922 mit einem Kostenaufwand von 40.000 Mark erneuert, wobei auch eine Beleuchtungsanlage für 8.000 Mark beschafft wurde.

Am 9.7.1960 wurde die Kohlegaserzeugung im Gaswerk eingestellt. Nach Errichtung eines Hochdruckkugelgasbehälters neben dem alten Gaswerk (1962-64) wurde der alte Gasometer abgerissen. Das alte Gaswerk wurde Mitte der 80er Jahre gesprengt und abgetragen. An seiner Stelle befindet sich seit 1995 eine Wiederaufbereitungsanlage für den Erdaushub.

Die 1904 gegründete Stahlbaufirma Heinrich Weller zog 1948 von der Lürriper zur Siemensstraße um. Ihr Gelände reichte bis an das Gaswerk heran, von dem sie drei Nebenanschlüsse erhielt, einen aus dem Umfahrungsgleis des Kohleschuppens abzweigend und zwei, die von der Wagendrehscheibe abgingen. Nachdem die Kohlegaserzeugung im Gaswerk eingestellt worden war, wurde Weller 1960 zum Hauptanschließer. 1983 gab die Firma die Gleisanschlüsse auf. Die Gleise vom Bahnhof Mönchengladbach-Neuwerk wurden danach abgebaut.

Weller durfte die Dampfspeicherlok des Gaswerks nicht mitbenutzen und beschaffte deshalb eigene Dieselloks:
- Jung 8636/1940, B-dm, 1948-60
- Jung 13272/1960, B-dm, ab 1960, 1983 an Container-Depot AG Frenkendorf (Schweiz)

Die Dampfziegelei Hersch & Gottschalk besaß 1879 einen Gleisanschluß an der Strecke München-Gladbach – Viersen, über den keine Einzelheiten bekannt sind.

Bahnhof München-Gladbach-Speick

Am 10.12.1872 gründeten die Brüder Michael und Peter Meer die Maschinenfabrik und Eisengießerei Gebr. Meer, die 1926 eine 100-prozentige Tochter der Mannesmann-Röhrenwerke wurde. Im Herbst 1944 nahezu vollständig zerstört, wurde das Werk ab 1949 wieder aufgebaut und 1955 in Mannesmann-Meer AG umbenannt. Am 1.1.1975 kam das Unternehmen zur Demag und nennt sich seitdem Mannesmann Demag Meer. Nördlicher Nachbar ist die Textilmaschinenfabrik W. Schlafhorst & Co., die 1884 als chemische Fabrik gegründet worden war. Der später als Chemische Fabrik Rhenus Wilhelm Reiners firmierende ehemalige Betriebsteil befindet sich auf dem Betriebsgelände von Schlafhorst. Auch die Textilmaschinenfabrik wurde im 2. Weltkrieg zerstört, aber danach ebenfalls wieder instandgesetzt.

Die Firma Gebr. Meer erhielt 1900 einen Gleisanschluß vom Ortsgüterbahnhof München-Gladbach-Speick. Dazu wurde gegenüber des heutigen Tores 2 von Mannesmann Demag Meer an der Landgrafenstraße im Bahnhof eine 12-m-Drehscheibe eingebaut, die über eine Weiche mit der Gleisharfe aus Richtung Rheydt verbunden war. Von der Drehscheibe

Die Jung-Diesellok (Fabr.-Nr. 8057) gehörte zum Gleisanschluß der Firma Mannesmann Demag Meer (aufgenommen am 13.3.1981). Foto: Dr. Günther Barths

führte ein zweites Gleis durch das Tor 2 zum Werkshof und endete dort an einer weiteren 12-Meter-Drehscheibe. Zwischen den Drehscheiben wurden die Güterwagen mit einer Rangierwinde bewegt.

Die Firma Schlafhorst erhielt 1917 ebenfalls einen Gleisanschluß, und zwar als Nebenanschließer von Meer. Der Anschluß zweigte aus dem Gleis ab, das im Bahnhof zur Drehscheibe von Meer führte, er kreuzte sodann deren Werksgleis und endete im Hof von Schlafhorst.

Die Drehscheibe zum Gleisanschluß der Maschinenfabrik Meer am Bahnhof München-Gladbach-Speick wurde am 11.7.1930 ausgebaut. Das Zustellgleis führte nun in einem Bogen etwa 8 m weiter südlich zum Gießereihof. Die Gleiskreuzung mit dem Anschluß von Schlafhorst blieb jedoch bestehen. Von der Drehscheibe im Werk verliefen ein Gleis in die Gießerei und ein weiteres durch den Gießereihof. An den Gleisbogen vor der Drehscheibe schloß ein Abstellgleis an, das eine Gleiswaage enthielt und in einem kleinen Lokschuppen endete. Die Drehscheibe im Werk wurde 1939 durch Weichen ersetzt.

Am 22.5.1959 wurden die Gleisanschlüsse von Meer und Schlafhorst getrennt. Schlafhorst war nun Hauptanschließer. Meer erhielt im Bahnhof ein weiteres Abholgleis und besaß nunmehr die Gleise A, B und C. 1961 wurde der Gleisanschluß Meer an der Kreuzung Landgrafenstraße mit einer Warnblinkanlage versehen. Zu dieser Zeit existierten der Lokschuppen und die Gleiswaage nicht mehr. Der Gleisanschluß blieb bis zur Stillegung der Gießerei am 30.6.1994 unverändert. Dann wurden das Gleis C stillgelegt und die Gleise A und B überholt; denn das Werk erhält jährlich 30.000 t Eisenpulver aus Schweden zur Weiterverarbeitung.

Die Firma Schlafhorst benutzte ihren Gleisanschluß letztmals 1983, seitdem wird dieser nur von der Chemischen Fabrik Rhenus Wilhelm Reiners betrieben.

Die beiden Gleisanschlüsse dürften zunächst mit Lokomotiven der Gattungen G 3 und G 7, dann G 8 und schließlich der BR

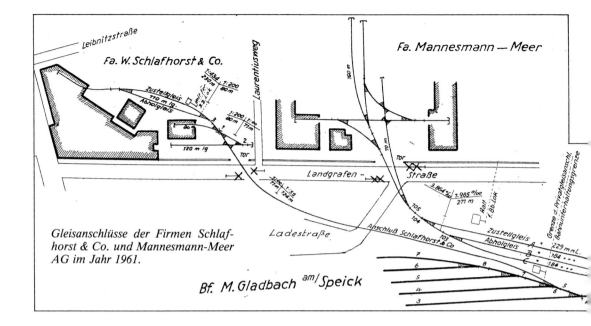

Gleisanschlüsse der Firmen Schlafhorst & Co. und Mannesmann-Meer AG im Jahr 1961.

290 bedient worden sein. Der Firma Mannesmann Demag Meer gehörten folgende Diesellokomotiven:
- Deutz 9782/1925 oder 1929, B-dm, 24-26 PS
- Jung 8057/1939, B-dm, 1981 verschrottet
- Henschel 29973/1969, B-dh, 17 t, 30 km/h, 1991 verkauft
- Gmeinder 4805/1954, B-dh, 17 t, 30 km/h, 128 PS, ex DB Kö 6176, 321 544, 322 620, nach dem 27.1.1983 gekauft, bis 1991 in Betrieb
- Rangierunimog MB, B-dm, 1994 von Faßbender & Siepmann GmbH & Co., Neuss

Im Januar 1879 besaß das Kohlenlager Lange an der Ausfahrt des Bahnhofs München-Gladbach-Speick in Richtung Bökel einen Gleisanschluß, der aber schon 1906 nicht mehr existierte.

Im 1. Weltkrieg errichtete die Straßenbahn München-Gladbach im Bereich Markgrafen-/Aachener Straße, dort wo heute die Firma Opel Mund ihren Sitz hat, eine Rollbockanlage. 1920 waren fünf Rollböcke vorhanden. Angeschlossen waren die Maschinenfabrik Franz Müller, die Eisengießerei Morgen-

Zum Fahrzeugpark der Firma Mannesmann Demag Meer zählte die Henschel-Lok mit der Fabriknummer 29973 (1967).
Foto: Dr. G. Barths

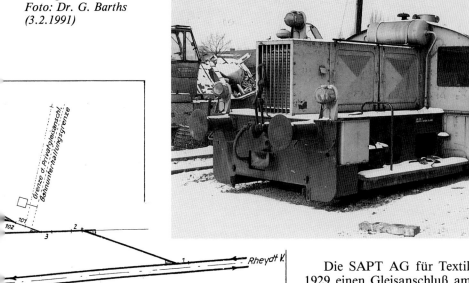

Auch diese Gemeinder-Lok (Fabr.-Nr. 4805) gehörte zu Mannesmann Demag Meer.
Foto: Dr. G. Barths (3.2.1991)

schweiß, die Maschinenfabrik und Eisengießerei Gebr. Meer, die Kesselschmiede Dupuis, die Eisengießerei Pollens sowie das Behindertenheim Hephata. 1955 wurde der Betrieb eingestellt, der letzte Nutzer war die Mannesmann-Meer AG.

Güterwagenabstellbahnhof Rheydt-Morr

Das Gelände der 1883 an der Dahlener Straße in Rheydt gegründeten Firma Vereinigte Spinnereien Wienands & Söhne reichte bis an den Güterwagenabstellbahnhof Rheydt-Morr heran. Spätestens 1925 verfügte das Werk über einen Gleisanschluß an diesen Bahnhof. An dem östlichsten Abstellgleis unterhielt es ein Gütermagazin, zu dem die Wagen mit einer Rangierwinde gezogen wurden.

1951 baute die Firma in der Mittelstraße eine neue Fabrik, so daß der Gleisanschluß und das Gütermagazin wohl aufgegeben wurden. Die Güterwagenabstellgleise des Bahnhofs Morr wurden 1984 abgebaut. Das Gütermagazin existierte 1990 noch als Ruine.

Die SAPT AG für Textilprodukte erhielt 1929 einen Gleisanschluß am Güterwagenabstellbahnhof Rheydt-Morr. Die Firma war 1926 aus der Baumwollaktiengesellschaft Niederlassung München-Gladbach hervorgegangen, die bis 1920 als Textilniederlassung W. Wolff & Söhne Stuttgart firmierte. Auf dem 1930 erweiterten Anschluß setzte die SAPT AG ein Verschubgerät ein, über das keine Einzelheiten bekannt sind.

Ab 1941 hieß das Unternehmen Rohtex AG für Textilrohstoffe Zweigniederlassung Rheydt. Heute firmiert es als Rohtex Textil GmbH. Den Anschluß betreibt die Firma weiterhin. Zumindest von 1967 bis 1982 besaß Rohtex eine eigene Diesellok (B-dm, Deutz, Fabr.-Nr. 47410). Die ursprünglich dunkelblaue Lok wurde 1974 rot lackiert. Seit 1982 wird bei Rohtex mit einem Gabelstapler und einem Zargro-Rangiergestell rangiert.

Bahnhof Rheindahlen

Zur Jahrhundertwende besaß die Deutsche Continental-Gas-Gesellschaft zu Dessau (DCGGD) an der Broicher Straße am Bahnübergang des Bahnhofs Rheindahlen ein Gaswerk, das rückseitig an die Gütergleise des Bahnhofs heranreichte. 1906 bestand ein Gleisanschluß von den Gütergleisen aus, der bereits im Februar 1958 nicht mehr existierte. Nach 1958 wurde das Gaswerk stillgelegt und abgerissen.

Die Britische Rheinarmee unterhält am Bahnhof Mönchengladbach-Rheindahlen zwei Gleisanschlüsse (Holt I und II). Im Sommer 1992 entstand die Aufnahme der Diesellok WD 826 auf dem Anschluß Holt II.
Foto: D.W. Ronald

Am 22.5.1905 ging in unmittelbarer Nachbarschaft des Gaswerks das Textilunternehmen von Wernhard, Ernst und Max Dilthey & Co. Rheydt, Zweigstelle Rheindahlen, in Betrieb. Von Anfang an hatte das Unternehmen einen zweigleisigen Anschluß. Zwischen 1921 und 1924 erhielt die 1842 in Rheindahlen gegründete Mechanische Faßfabrik und Seifengroßhandlung Hubert Manss das Recht, den Anschluß mitzunutzen.

Nach einer kriegsbedingten Unterbrechung im Oktober 1944 nahm Dilthey am 17.7.1945 die Produktion wieder auf. Die Existenz des Gleisanschlusses ist bis zum Jahr 1956 nachgewiesen. Wie lange ihn die 1986 stillgelegte Firma noch genutzt hat, ist unbekannt.

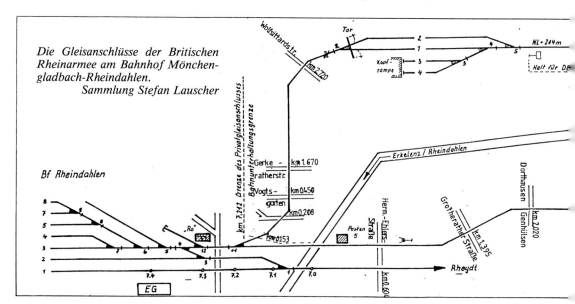

Die Gleisanschlüsse der Britischen Rheinarmee am Bahnhof Mönchengladbach-Rheindahlen.
Sammlung Stefan Lauscher

Eine interessante Diesellok der Brit. Rheinarmee war die 111 „Percy", hier am 23.2.1990 auf dem NATO-Gelände. Sie wurde später als Denkmal aufgestellt. Foto: Dr. G. Barths

Im Herbst 1952 begannen nordöstlich von Rheindahlen die Bauarbeiten für das Joint Head Quarter (JHQ – Vereinigtes Hauptquartier) der NATO, das am 4.10.1954 eröffnet wurde. Zwischen Mönchen-Gladbach und Rheindahlen erhielt die Britische Rheinarmee, deren Hauptquartier sich ebenfalls im JHQ befand, Militärliegenschaften mit zwei Gleisanschlüssen zum Bahnhof Mönchen-Gladbach-Rheindahlen. Der erste Gleisanschluß (Holt I) verläuft vom Bahnhof Rheindahlen zwischen Gerkerath und Dorthausen und endet westlich von Holt vor der A 61. Bis Ende der 50er Jahre hatte er einen Flugplatz. Der zweite Gleisanschluß (Holt II) führt durch die Orte Grotherath und Voosen und endet

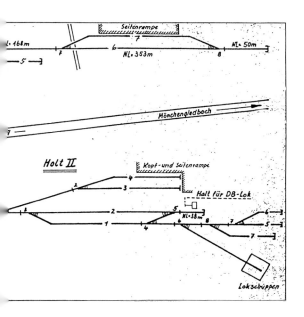

Wagen des RCT Rheindahlen (Auszug)

Wagennummer	Gattung	
3380 473 3 085-1	Slmmps	(Baujahr 1940)
5080 02-11 011-4	BygKr	(Umbau 1950)
5080 09-29 055-4	Pwg	
5080 09-29 058-9	Pwg	(Umbau 1987)
5080 09-29 059-9P	Pwg	
5180 02-10 019-7	BymK	(Baujahr 1952)
5180 02-10 022-1	Bymk	(Baujahr 1952)
5180 02-10 030-4	ByK	
5180 02-10 041-1	Bcyl (Laz)	
5180 02-10 059-3P	Bcyl (Laz)	
5180 02-10 062-3	ByK (Laz)	
5180 08-40 061-7P	WRm 035	

Heute verfügt die Britische Rheinarmee vor allem über umgebaute ehemalige dreiachsige Yg-Wagen mit Glaskuppel, ehemalige 26,4-m-Wagen als Lazarett- und Transportwagen sowie Flachwagen.

Die Britische Rheinarmee besaß in Rheindahlen einige ehemalige Wehrmachtsloks der Baureihe V 36, so auch die 36274, die am 4.8.1989 mit umgebauten Yg-Wagen auf dem NATO-Gelände stand.
Unten: In den letzten Jahren stieg die Rheinarmee auf britische Maschinen von Hunslet und Barclay um, hier die Barclay 666 am 11.9.1993. *Fotos: Dr. Günther Barths*

*Dem kommandierenden General der Britischen Eisenbahnabteilung im Mönchengladbacher NATO-Hauptquartier stand ein Triebwagen zur persönlichen Verfügung, der ehemalige 636 801. Er hieß im Volksmund „Der General" (aufgenommen im März 1973 im Bahnhof MG-Rheindahlen). Foto: Günter Krall
Unten: Lokomotiven der Brit. Rheinarmee waren auch bei Überführungsfahrten im Mönchengladbacher Raum zu sehen, wie hier die Barclay 872 am 29.1.1992 in Rheydt Hbf. Foto: Dr. Günther Barths*

Diesellokomotiven des RCT Rheindahlen

RCT-Nr.	Herst.	Fabr.-Nr.	Baujahr	Bauart	Bemerkungen
31	Robel	56.27-3	?	?	Typ AF 31
65 (600)	MAK	600139	1956	D-dh	ex V 65 TWE
111	Fowler	22503	1938	B-dm	„Percy", ex WD 111, ex WD 815
ARMY626DSA	Barclay	663	1984	C-dh	später 626
626	Barclay	663	1984	C-dh	ex ARMY626DSA
627	Barclay	664	1984	C-dh	„Riley", ex 664, neurot-weiß
628	Barclay	665	1984	C-dh	neurot
630	Barclay	667	1984	C-dh	neurot
631	Barclay	668	1984	C-dh	ex 668
664	Barclay	664	1984	C-dh	„Riley", später 627
666	Barclay	666	1984	C-dh	
826	Barclay	-	1943	?	153 PS
828	Barclay	363	1943	B-dm	
870	Barclay	509	1966	C-dh	
871	Barclay	510	1966	C-dh	„Thompson", 275 PS
872	Barclay	511	1966	C-dh	„Car", 1994 nach England (Gleisbau)
873	Barclay	512	1966	C-dh	„Bagnall"
874	Hunslet	9221	?	B-dh	= 9221
877	Hunslet	9224	?	B-dh	ex 9224
878	Hunslet	9225	?	B-dh	ex 9225
882	Amstrong	D57	?	C-dh	ex WD 00882 Hamm
9221	Hunslet	9221	?	B-dh	später 874
9224	Hunslet	9224	?	B-dh	später 877
9225	Hunslet	9225	?	B-dh	später 878
11211	BMAG	11211	?	C-dh	
11645	BMAG	11645	?	C-dh	
12522	DWK	759	1942	?	360 PS, 360 C
21110	O&K	21483	1941	?	360 PS, V 36
21132	O&K	21132	1939	C-dh	ex WD 21132
21483	O&K	21483	1941	?	360 PS, V 36
25411	O&K	25411	1954	B-dh	ex RAF, später nach Belgien
25414	O&K	25414	1954	B-dh	später Kalkwerk „Anneliese"
36235	Jung	8506	1939	?	„Claxton", 360 PS, V 36
36274	O&K	21483	1940	?	360 PS, V 36, ex 21483
36621	Deutz	39624	?	B-dh	später Diema
36629	Deutz	36629	1943	C-dh	später MVT Berlin
36924	Deutz	36924	?	B-dh	
39662	Deutz	39662	?	C-dh	
55262	Deutz	55262	1952	B-dh	Köf II, später nach Italien
55268	Deutz	55268	1952	B-dh	„Ronald", Köf II, 107 PS
55269	Deutz	55269	1952	?	„Husband", Köf II, 107 PS
56313	Deutz	56313	1956	C-dh	später nach Italien
56314	Deutz	56314	1956	C-dh	360 PS, V 36, später nach Italien
225691	Deutz	55880	1954	B-dh	WD
225692	Deutz	55881	1954	B-dh	ex WD
225693	Deutz	55882	1954	?	225 PS
225694	Deutz	55883	1954	B-dh	
225695	Deutz	55884	1954	B-dh	
225696	Deutz	55885	1954	B-dh	
636 801	?	?	?	?	ex VT 36 3638, später nach Belgien
936 801	?	?	?	?	ex VS 145, später nach Belgien

Wie in vielen deutschen Städten gab es nach dem Krieg auch in Mönchen-Gladbach schmalspurige Trümmerbahnen für die Beseitigung des Schutts.
Foto: Sammlung Stadtarchiv

nordöstlich von Genhülsen an der A 61. An ihm befand sich eine kleine Lokwerkstatt. Beide Gleisanschlüsse unterstehen dem Royal Corps of Transports (RCT – Königliche Transportabteilung) der Britischen Rheinarmee.

Industriegebiet Wickrath Nord

Das Industriegebiet Wickrath Nord zwischen Trompeterallee, Hocksteiner Weg und der Strecke Rheydt Rbf – Rheindahlen erhielt 1968 einen Gleisanschluß, der auf dem Gelände der Internationalen Spedition Birkart GmbH & Co. an der Ecke Hocksteiner Weg / Daimlerstraße endet. Weitere Anschließer wurden 1968 die Zentralauslieferung von C&A Brenninkmeyer und Anfang der 70er Jahre die Kunststoffgroßhandlung Curver. Der der Gemeinde Wickrath gehörende Anschluß wurde im Zusammenhang mit der kommunalen Neugliederung ab 1.1.1975 der Stadt Mönchengladbach übertragen.

Die Firma Curver verließ 1993 das Industriegebiet, ihre Anlagen übernahm die Spedition Birkart. 1995 wurde der Gleisanschluß an die Firma C&A Brenninkmeyer übertragen, die Spedition hat seitdem das Mitnutzungsrecht.

Ortsgüterbahnhof Wickrath

Die Süßwarenfirma Alfred Vest & Co. Hamburg, kaufte 1968 die ehemalige Sauerkrautfabrik (vorm. Rheinische Konservenfabrik GmbH von 1892) gegenüber des alten Güterschuppens (Ende Oktober 1996 abgerissen) am Ortsgüterbahnhof Wickrath. Südlich und nördlich des alten Fabrikgebäudes ließ Vest neue Hallen bauen. Er erhielt Ende der 70er Jahre für die nördliche Halle einen Gleisanschluß, der in der Regel mit Köf III bedient wurde. 1987 gab Vest die Firma in Wickrath auf. Die Gebäude wurden von der Spedition Trans Continental Expreß (TCE) übernommen, die den Gleisanschluß jedoch nicht benötigte. Daraufhin wurde der Anschluß von den Ortsgütergleisen getrennt, das Gleis über den Kohlenweg liegt heute noch.

Schmalspurige Bahnen

Am Südostrand Rheindahlens eröffnete die Familie Dreesen 1905 ein Ziegel- und Klinkerwerk. Bis 1938 baute sie die Tonerde von Hand ab, dann beschaffte sie aus Görlitz einen auf Schienen laufenden Eimerkettenbagger und zum Abtransport eine 600-mm-Feldbahn. Mitte der 80er Jahre betrug deren Streckenlänge rund 200 m. Da der Eimerkettenbagger gelegentlich versetzt werden mußte und dafür nicht immer genügend Personal zur Verfügung stand, kam es vor, daß die Feldbahn wochenlang stillstand. Dann wurde mit einem Löffelbagger von Orenstein & Koppel und einem Lkw gefördert.

1992/93 wurde das Unternehmen an ein niederländisch-australisches Konsortium verpachtet. Seitdem firmiert es als Boral-Dreesen. Die Feldbahn wurde inzwischen abgeschafft, ihr Verbleib ist nicht bekannt. Der Eimerkettenbagger war 1996 noch vorhanden. Die Firma Dreesen verfügte über folgende Diesellokomotiven:
– Deutz 23342/1938, 1972 ausgemustert
– Jung 12219/1956
– Schöma 2513/1961, von Düsseldorf gekauft

Eine 600-mm-Feldbahn besaß auch die Ziegelei Hans-Theo Dahmen in Rheydt-Giesenkirchen, über deren Geschichte nichts bekannt ist. 1966 hatte die Ziegelei eine zweiachsige dieselmechanische Lok von Diema.

Das Bauunternehmen Hilgers in Mönchengladbach verfügte über zwei 600-mm-Loks; und zwar eine zweiachsige von Orenstein & Koppel und eine von Deutz (Typ OME, Fabr.-Nr. 18270, Baujahr 1937).

Eine der drei 600-mm-Loks der Ziegelei Dreesen in Rheindahlen war die Jung-Lok. Auf dem unteren Foto ist sie in der Tongrube im Einsatz.
Fotos:
Dr. G. Barths (1968)

Anhang

Quellenverzeichnis

- M. Berger: „Historische Bahnhofsbauten II", transpress VEB Verlag für Verkehrswesen (Berlin 1988);
- D. Eichholtz: „Junker und Bourgeoisie 1848 in der preußischen Eisenbahngeschichte", Akademie Verlag (Berlin 1962);
- W. Klee: „Preußische Eisenbahngeschichte", Verlag Kohlhammer (Stuttgart 1988);
- U. Krings: „Bahnhofsarchitektur, Deutsche Großstadtbahnhöfe des Historismus", Prestel Verlag (München 1985);
- Lehmann-Pflug: „Der Fahrzeugpark der DB und neue von der Industrie entwickelte Schienenfahrzeuge", Georg Siemens Verlagsbuchhandlung;
- J. Lehmann: „Straßenbahn und Obus in Rheydt", Verlag Kenning (Nordhorn 1992)
- J. Lennartz: „Schienenwege im Rheinischen Grenzland", Heimatmuseum Kreis Heinsberg (1985);
- W. Löhr: „Mönchengladbach so wie es war", Droste Verlag (Düsseldorf);
- R. Ostendorf: „Eisenbahnknotenpunkt Ruhrgebiet", Motorbuch Verlag (Stuttgart);
- B. Poll (Hrsg.): „Geschichte Aachens in Daten" (Aachen 1960);
- A. Sauter: „Die Königlich Preußischen Staatsbahnen, ihre Geschichte, Lokomotiven und Wagen", Franckh'sche Verlagshandlung (Stuttgart 1974);
- P. Schiebel / W. Perilieux: „Die von Köln ausgehenden Eisenbahnlinien", Merker-Verlag (Fürstenfeldbruck 1987);
- W. Strauß: „Geschichte der Stadt Rheydt", Verlag von Langewiesche (Rheydt 1897);
- Waldeck: „Die Entwicklung der Bergisch-Märkischen Eisenbahnen", Sonderdruck Archiv für Eisenbahnwesen (1910);
- Gladbacher Kreisblatt (Jahrgänge 1851, 1853, 1854, 1856, 1858, 1861, 1862);
- Gladbacher Volkszeitung (Jahrgänge 1877-79);
- Rheinische Landeszeitung (Jahrgänge 1910, 1937)
- Rheinische Post, Ausgabe München-Gladbach (Jahrgänge 1949-59)
- Rheinische Post, Ausgabe Rheydt (Jahrgänge 1949-52)
- Rheydter Zeitung (Jahrgänge 1907, 1908, 1937-39)

Zeittafel der für Mönchengladbach zuständigen Direktionen

21.8.1846 – 26.3.1850:
Aachen-Düsseldorfer Eisenbahn AG zu München-Gladbach
8.1.1847 – 26.3.1850:
Ruhrort-Crefeld-Kreis Gladbacher Eisenbahn AG zu Crefeld mit Sitz in München-Gladbach
27.3.1850 – 31.12.1865:
Königliche Direktion der Aachen-Düsseldorf-Ruhrorter Eisenbahn zu Aachen
bis 31.12.1865:
AG der Preußisch-Niederländischen Verbindungsbahn zu München-Gladbach
1.1.1866 – 31.3.1883:
Königliche Eisenbahn-Direktion zu Elberfeld
bis 31.3.1880:
Rheinische Eisenbahn-Gesellschaft zu Cöln
1.4.1880 – 31.3.1881:
Königliche Direktion der Rheinischen Eisenbahn-Gesellschaft zu Cöln
1.4.1881 – 31.3.1895:
Königliche Eisenbahn-Direktion zu Cöln (linksrheinisch)
1.4.1895 – 21.11.1918:
Königliche Eisenbahn-Direktion zu Köln
22.11.1918 – 5.7.1922:
Eisenbahn-Direktion Köln
6.7.1922 – 8.3.1945:
Reichsbahndirektion Köln
9.3.1945 – 15.5.1945:
wahrscheinlich unter alliierter Leitung
16.5.1945 – 6.9.1949:
Reichsbahndirektion Köln
7.9.1949 – 31.3.1953:
Eisenbahndirektion Köln
1.4.1953 – 31.12.1993:
Bundesbahndirektion Köln

Mein besonderer Dank für ihre wertvolle Mitarbeit gilt den Herren Günter Krall, Marcus Mandelartz, Franz Grifka, Dr. Günther Barths, Wilhelm Paulußen, Jürgen Lehmann, Stefan Lauscher, den Mitarbeitern des Stadtarchivs, des Vermessungsamts, der Stadtbücherei und der Fernleihe der Stadt Mönchengladbach, der Firma Rohtex Textil GmbH sowie Herrn Dr. Everszumrode und dem Hausmeisterehepaar der VHS Mönchengladbach.

Eisenbahnbücher aus dem Verlag Kenning

Hermann-Löns-Weg 4, D-48527 Nordhorn, Tel. 0 59 21/7 69 96 + 7 79 67, Fax 0 59 21/7 79 58

Straßenbahn in Mönchengladbach
ca. 128 S. 17/24 cm geb., ca. DM 39,80 (Herbst 1997)

Jahrbuch Schienenverkehr 16
160 S. 17/24 cm kart., 33 Farb-, 103 SW-Fotos, DM 39,80
Das deutsche Schienenverkehrswesen im Jahr 1996.

Eisenbahnen im Harz (I)
120 S. 21/30 cm geb., 47 Farb-, 186 SW-Fotos, DM 48,-
Die Geschichte der unter Staatsbahnregie gebauten Strecken, die den Harz umschließen oder hineinführen.

Eisenbahnen im Harz (II)
152 S. 21/30 cm geb., 48 Farb-, 282 SW-Fotos, DM 59,-
Ein großes Buch über die Halberstadt-Blankenburger Eisenbahn, die Harzer Schmalspurbahnen, die Kleinbahnen nach St. Andreasberg, Bad Grund, Zorge und Hettstedt sowie viele Werkbahnen.

Bahnen in Bielefeld
ca. 152 S. 21/30 cm, ca. 59,- DM (Sommer 1997)
Vor 150 Jahren begann die Eisenbahnzeit in Bielefeld, die den Bau von Nebenbahnen, der Kreisbahnen und der Straßen- und Stadtbahn nach sich zog.

Der Berliner Außenring
144 S. 17/24 cm geb., 27 Farb-, 105 SW-Fotos, DM 48,-
Entstehung, Bedeutung und technische Besonderheiten des Außenrings – ein markantes Kapitel Berliner Verkehrsgeschichte!

Nebenbahn Zeitz – Osterfeld – Camburg
96 S. 21/21 cm geb., 12 Farb-, 80 SW-Fotos, DM 29,80

Die Orlabahn Orlamünde – Pößneck
72 S. 21/21 cm geb., 16 Farb-, 65 Fotos, DM 29,80

Schmalspurbahn Mosbach – Mudau
84 S. 21/21 cm geb., 12 Farb-, 80 SW-Fotos, DM 29,80

Die Nebenbahn Eichstätt – Beilngries
ca. 96 S. 21/21 cm geb., ca. DM 29,80 (Herbst 1997)

Die Hannover-Altenbekener Eisenbahn
ca. 144 S. 21/30 cm geb., ca. DM 48,- (Herbst 1997)

Triebfahrzeuge der DR (Ost) 1945/46
80 S. 17/24 cm geb., 34 Fotos, DM 29,80

Schmalspurbahn Cranzahl – Oberwiesenthal
128 S. 21/30 cm geb., 37 Farb-, 137 SW-Fotos, DM 48,-

Schmalspurbahn Grünstädtel – Oberrittersgrün
112 S. 21/30 cm geb., 15 Farb-, 170 SW-Fotos, DM 48,-

Schmalspurbahn Freital-Hainsberg – Kipsdorf
120 S. 21/30 cm geb., 22 Farb-, 175 SW-Fotos, DM 39,80

Die Kleinbahn Leer-Aurich-Wittmund
144 S. 21/30 cm geb., 16 Farb-, 197 SW-Fotos, DM 49,80

Die Kreisbahn Emden-Pewsum-Greetsiel
84 S. 21/21 cm geb., 17 Farb-, 73 SW-Fotos, DM 29,80

Die Kreis Altenaer Eisenbahn
136 S. 21/30 cm geb., 16 Farb-, 230 SW-Fotos, DM 48,-

Die Amrumer Inselbahn
72 S. 21/21 cm geb., 66 Fotos, DM 29,80

Vom Kleinbahnnetz zu den Osthannoverschen Eisenbahnen
ca. 152 S. 21/30 cm, ca. 59,- DM (Herbst 1997)

Die Teutoburger Wald-Eisenbahn
ca. 144 S. 21/30 cm geb., ca. DM 48,- (Herbst 1997)

Schmalspurbahn Engelskirchen – Marienheide
ca. 84 S. 21/21 cm geb., ca. DM 29,80 (Herbst 1997)

Die Hümmlinger Kreisbahn
ca. 96 S. 21/21 cm geb., ca. DM 29,80 (Herbst 1997)

Die Eckernförder Kreisbahn
ca. 144 S. 21/30 cm geb., ca. DM 48,- (1998)

Die Moselbahn Trier – Bullay
ca. 144 S. 21/30 cm geb., ca. DM 48,- (1998)

Die Berliner Nord-Süd-S-Bahn
128 S. 17/24 cm geb., 125 Fotos, DM 39,80
Hintergründe des Baues in den 30er Jahren, die Stellung im geteilten Berlin und die heutige Bedeutung als Tunnelstrecke inmitten der Metropole.

Straßen- und Kleinbahn in Pforzheim
176 S. 17/24 cm geb., 17 Farb-, 162 SW-Fotos, DM 49,80
Die blau-weißen Triebwagen der Straßenbahn und der Ittersbacher Kleinbahn sowie die Obusse gehörten lange Zeit zum täglichen Leben in der „Goldstadt".

Straßenbahn in Oberhausen
128 S. 17/24 cm geb., 19 Farb-, 165 SW-Fotos, DM 39,80
Durch die Wiedergeburt der Oberhausener Straßenbahn wurde 1996 ein bislang abgeschlossenes Kapitel wieder aufgerollt.

Straßenbahn in Zwickau
160 S. 17/24 cm geb., 32 Farb-, 215 SW-Fotos, DM 48,-
Teils historisch, teils heute noch unerläßlich ist das Netz der Straßenbahn und des ehemaligen Obusses in Zwickau.

Straßenbahn in Eisenach
112 S. 17/24 cm geb., 21 Farb-, 87 SW-Fotos, DM 39,80
100 Jahre alt wird 1997 das Kapitel „Nahverkehr in Eisenach", das mit der Eröffnung der 1975 stillgelegten Straßenbahn begann.

Die Vestischen Straßenbahnen
128 S. 17/24 cm geb., 220 Fotos, jetzt DM 19,80

Straßenbahn in Wuppertal
ca. 176 S. 17/24 cm geb., ca. DM 49,80 (Herbst 1997)

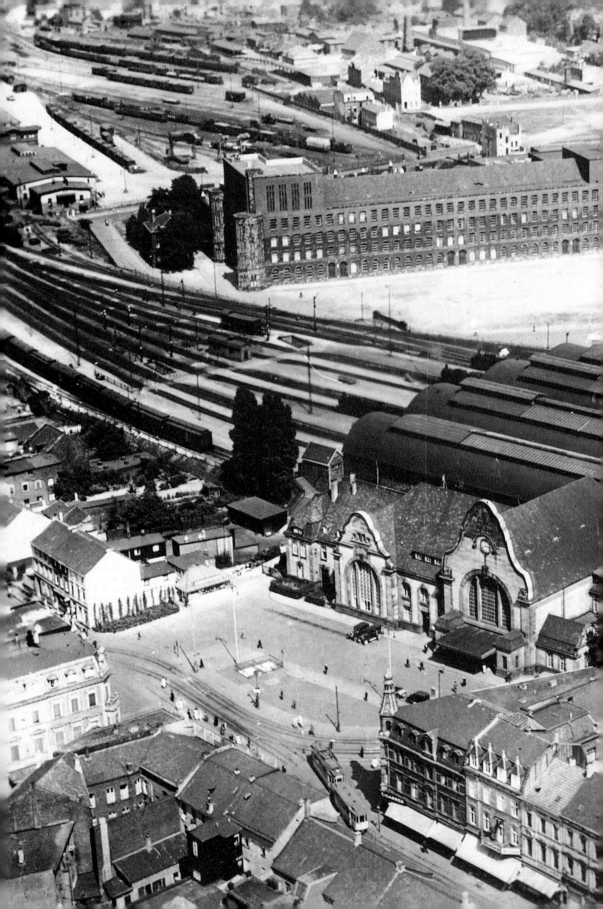